당신 곁의

한국 정원

당신 곁의

한국 정원

철학, 문화, 역사가 수놓인

우리 정원 이야기

신지선 지음

수오서재

차례

（1장）정원을 채운 언어

마음의 흔적을 찾아가는 일

대학로에서 자취하던 시절, 주말 아침 눈을 뜨면 종종 커피를 사 들고 창경궁으로 향했습니다. 걸어서 10분이면 닿을 수 있는 거리에 살았기에 누릴 수 있던 호사였습니다. 주말 오전의 창경궁은 대체로 사람이 없어 한적했습니다. 소나무 그늘 아래 앉아 가만히 하늘을 바라보면 담장 너머 양버즘나무가 천천히 움직이는 모습을 볼 수 있었습니다. 그렇게 한참을 느린 나무의 움직임을 바라보며 시간을 보내다 집으로 돌아가곤 했습니다. 어딘가에 앉아서 가만히 한 대상을 관찰하는 행동은 저의 오래된 버릇입니다. 그렇게 바라보다 보면 밖에서부터 무언가 느껴지기도, 내면 안에서 무언가 샘솟기도 합니다.

무역학과를 졸업하고 외국계 회사에서 사회생활을 시작했습니다. 한강이 내려다보이는 63빌딩으로 출퇴근하며 열정적으로 일했습니다. 하지만 뭐든지 이윤을 추구하는 시각으로 세상을 바라보는 업무들이 저와는 맞지 않다는 생각이 들었습니다. 뒤늦게 진로에 대해 고민하다, 토목업에 종사하던 아버지와의 대화에서 문득 '조경'이라는 실마리를 얻었습니다.

조경가는 세상에 자신의 작품을 하나씩 만들어가는 직업입니다. 땅을 가만히 들여다보며 자신의 생각과 마음을 땅 위에 풀어내는 일이죠. 무엇보다 이 공간을 향유하게 될 누군가를 위한 일이라는 사실이 저를 강하게 이끌었습니다. 작은 마당부터 도시 공원까지, 조경은 우리가 살아가는 모든 공간에 자리합니다. 땅과 밀접한 관계를 맺는 예술이기도 하지요. 조경 공부를 시작하며 자연스레 우리나라만의 고유성을 탐구하게 되었습니다.

조경의 오래된 흔적을 찾기 위해 서울부터 전라도, 경상도, 전국 곳곳의 정원들을 방문했습니다. 담장도 어떠한 경계도 없이 덩그러니 놓여진 정자에 앉아, 몇백 년 전 나와 같은 자리에 앉아 있었을 누군가를 떠올렸습니다. 아득한 시간 사이에 채워진 수많은 이야기들이 더 궁금해졌습니다. 정원을 공부하는 일은 한 사람의 인생을 추적하는 일이기도, 당시의 시대상을 이해하는 일이기도 합니다. 이 책은 역사, 문화, 철학이 녹아든 정원을 통해서 한 사람의 인생을 들여다보려는 시도입니다. 그저 평범하게만 보였던 돌과 나무, 물이 만들어낸 풍경 그 이면의 이야기들을 전하고자 노력했습니다.

책에는 그중 30곳의 한국 정원을 골라 소개했습니다. 익히 들어 아는 곳도, 직접 방문해본 곳도 있을 거라 생각합니다. "거기가 정원이었어?"라는 물음표도 떠오를 텐데, 자연스러운 일입니다. 정원은 꽃과 나무로 장식된 예쁜 공간이라는 틀에서 벗어나, 누군가의 의도와 안목, 인생을 대하는 태도가 담겨 있는 곳이라는 걸 이번 기회에 느끼게 된다면 좋겠습니다.

정원엔 단순한 풍경을 넘어선 마음의 흔적이 있습니다. 정원을 만든 이의 삶에 가까이 다가가 보고, 그곳을 천천히 거닐다, 느긋하게 머물러보길 바랍니다.

책이 완성되기까지 많은 분들의 도움이 있었습니다. 그중에서도 글 쓰는 내내 조언을 아끼지 않았던 친구 슬아와 엄마, 그리고 남편에게 가장 고맙습니다. 끝으로 사랑하는 은효와 은재에게 이 책을 바칩니다.

2025년 가을

신지선

1 장

정원을 채운 언어

조선판 부동산 거물 윤선도,

그의 초호화 정원

보길도 세연정

프랑스 부르봉 왕조의 왕인 루이 14세는 자신보다 더 화려한 정원을 소유한 재무장관 니콜라 푸케를 괘씸하게 여긴다. 후에 베르사유 궁전을 만드는 계기가 된 니콜라 푸케의 성 '보 르 비콩트*Vaux-le-Vicomte*'는 동서양을 막론하고 왕보다 더 사치스러운 정원을 소유하는 것은 권위의 도전으로 받아들여짐을 보여주는 예시이다. 조선은 예법을 중요하게 여겨 위계를 분명히 했다. 그렇기에 그 누구도 화려한 정원으로 자신의 부를 과시해 왕권에 도전하지 않았다. 단 한 사람, 윤선도를 제외하고 말이다.

〈어부사시사〉의 배경이 된 보길도는 윤선도의 파라다이스였다. 해남 윤씨 집안은 원래 영향력이 굉장한 가문이었는데, 특히 윤선도의 감각은 남달랐다. 윤선도는 작가로서뿐만 아니라 사업가로서도 수완이 뛰어났다. 간척 사업과 미역 양식업까지 더해 막대한 부를 축적했다. 어머어마한 재산과 다방면으로 재능이 뛰어난 그였지만, 출신이 남인이라는 사실은 중앙 정계에서 주변인으로 머물 수밖에 없게 만들었다. 출신의 벽을 뛰어넘지 못한 울분이 항상 있었다. 1636년, 그의 나이 오십에 일어난 병자호란은 한양에서 주인공이 되고 싶었던 그의 꿈과 미련을 버리게 했다. 그럼 그는 왜 보길도에 새로운 터전을 마련했을까. 보길도는 패전에 상심한 윤선도가 제주도로 향하다가 풍랑을 만나 자리 잡게 된 섬으로 알려졌지만, 사실은 오래전부터 눈독 들이던 섬을 나라가 혼란스러운 틈을 타 소유한 것이라는 의견도 있다. 그가 해남에서 살던 집인 녹우당에서 보길도까지는 불과 45킬로미터밖에 떨어지지 않아 가시거리가 좋은 날에는 육안으로도 보였다는 사실과, 이미 그가 소유하고 있던 다른 섬들과 간척지들에서 멀지 않은 곳에 보길도가 있다는 사실 등이 이 의견에 힘을 실어준다.

보길도는 일반적인 섬이 아니었다. 당시 금보다도 비싼 동백기름이 채취되고, 건축 자재인 소나무를 수급하는 등 자원이 풍부해 나라에서 관리하는 섬이었다. 그런 섬에 거처지 및 전망대, 그리고 유흥지까지 만든 것은 과감한 일이었다. 나라에서 관리하는 섬에 정원을 조성했다는 소문은 이내 한양으로 퍼졌다. "처녀를 겁탈하고 섬으로 데리고 들어가 음란과 사치를 즐긴다"는 소문은 보통 사람이라면 벌벌 떨 일이었지만, 윤선도에게는 다 계획이 있었다. 그는 보길도에서 유흥을 즐긴 것이 아니라 섬을 지키고 있다고 주장했다. 나라가 혼란스러운 상황에 사람 없는 섬의 자원이 함부로 유출되는 것을 막아왔다고 해명한 것이다. 장부를 보여주며 자신이 섬에 들어가고 나서부터 드나드는 배를 모두 기록했고 이후로 단 한 그루의 소나무도 유출되지 않았다며 되레 큰소리친다. 윤선도는 그렇게 조선에서 가장 화려한 정원을 만들고 향유할 수 있게 되었다.

보길도는 윤선도 세상이다. 섬의 가장 높은 두 봉우리인 격자봉과 안산 아래에 전망대와 거처지가 있다. 전망대인 동천석실과 거처지인 낙서재와 곡수당 외에 이 섬의 핵심인 유흥지 세연정은 섬 북쪽에 보를 쌓고 물이 빠져나가는 것을 막아 조성했다. 자연의 물을 끌어다 정원을 만든 사례는 많지만, 정원을 위해 이 정도 규모의 보를 만드는 것이 흔한 일은 아니다. 특히 평평한 판석으로 만들어서 '판석보板石洑'라 불리는 구조물은 개인 정원에서 보기 쉽지 않다. '보'는 보통 나라에서 강에다 조성하거나, 혹은 마을에서 농사를 위해 물을 가두는 용도로 만드는 경우

◦ 보길도 판석보

가 일반적이다. 보길도는 경작이 금지된 섬이었기에 판석보는 오직 정원 조성을 위해 만들어졌다. 화강석 중에서도 얇게 켜지는 특별한 화강석으로만 만들 수 있는 판석은 왕이 아닌 개인의 사용은 불가능했다. 경복궁의 근정전 바닥 포장이나 종묘 정전의 월대, 왕릉 일부에서만 볼 수 있는 판석은 궁에서도 주요 공간에만 사용될 정도로 귀한 재료이다. 그런 판석을 개인이 사용했다는 것에서 그의 재력과 과감함이 느껴진다. 무엇보다 궁에서 사용된 어떤 판석보다도 크다는 점이 놀랍다.

　대형 판석을 사용해 '凹' 모양을 아래로 뒤집은 형태의 보를 만들기 위해서는 연결고리가 필요했다. 판석의 가장자리에는 구멍이 뚫려 있고, 구멍에 딱 맞는 모양의 못과 같은 형태의 돌이 박혀 있다. 돌만을 사용해 몇백 년이 지나도 끄떡없는 구조물을 만든 것이다. 내부를 비워둔 보 안쪽에는 강회를 절반보다 조금 더 채워넣어 안정적인 구조를 만들었다. 이렇게 완성한 판석보로 섬을 빠져나가는 물을 모을 수 있게 되었다. 높아진 수위로 자연 계류 바로 옆에 인공 지당을 추가로 만들었다. 원래 물길이 없던 지당으로 물이 잘 들어가게 하려면 수압을 높여야 했다. 인공 지당으로 계류 물이 입수되는 지점 앞뒤의 물구멍 개수를 달리해 효과적으로 물을 끌어들였다. 판석보와 수압의 조절 등 당시로써는 정원에서 보기 드문 기술이었다.

누군가 정원에 섬을 만든다면, 보통 나무를 심지 정자를 만드는 경우는 드물다. 그런 법도가 있는 것은 아니지만 섬의 정자는 대부분 나라에서 지었다. 물 위에 떠 있는 기분을 느끼고 싶으면 배를 띄워야 하는데 이와 비슷한 효과를 줄 수 있는 방법이 섬에 정자를 짓는 것이다. 세연정은 앞으로는 계류가 흐르고, 뒤로는 보를 만들어 수위를 높인 후 물을 끌어들여 인공 지당을 만들었다. 완전한 섬은 아니지만 결과적으로 정자에서 물에 든 듯한 기분은 충분히 느낄 수 있는 구조가 되었다.

　　〈어부사시사〉는 바로 세연정에서의 유희를 위해 만들어졌

◦ 보길도의 세연정

다. 계류에 작은 배를 띄우고 화려한 옷을 입은 남자아이가 노래를 불렀다. 정자 주변에서 관현악단이 풍악을 연주했고, 정자 북쪽 무대에서는 어린아이들이 춤을 췄다. 제작, 연출, 기획, 모두 윤선도의 작품이다. 하루도 빠지지 않고 이런 유희를 즐기지 않고는 견딜 수 없었다고 〈보길도지〉에 전해진다.

그는 뛰어난 예술가였고, 왕보다 사치스러운 정원을 만들 수 있을 만큼 부유했지만, 그의 정원에선 세상을 향한 분노와 답답함이 느껴진다. 최고의 기술을 동원하여 정원을 만들고, 엄청난 돈을 쓰며 공연을 벌였지만 공허한 마음은 채워지지 않았다. 다방면으로 뛰어났지만 자신을 알아주지 않는 세상을 윤선도는 견디기 힘들어했다. 자신이 완성한 세상에서 왕이 된 듯한 경험을 하루도 빠지지 않고 해야지만 비로소 잠에 들 수 있었던 보길도에서의 삶. 부유하고 화려했지만, 섬에 울려 퍼지는 공허한 메아리와도 같았다.

천 년의 돌이 완성한

한 편의 추상미술

영주 부석사

부석사는 전통적인 석축 쌓기 기법 가운데 '막쌓기'라는, 그 이름도 막연한 석축 쌓기 기법을 직접 볼 수 있는 곳이다. 부석사는 최순우의 《무량수전 배흘림기둥에 기대서서》로 이미 유명한 사찰이었지만, 내겐 막쌓기의 대표적 사례를 확인할 수 있는 중요한 답사지였다. 부석사에 도착해 무량수전까지 좁고 긴 길을 직접 올라야 한다고 생각하니 시작부터 아찔했지만, 비교적 한산한 평일이라 무량수전 바로 아래까지 이어진 차도를 타고 올라갈 수 있었다. 여러 사찰을 방문하며 얻은 팁이다. 원래 관람객은 산 아래 주차장을 이용해야 하지만, 사람이 많지 않을

땐 스님이나 사찰 관계자를 위해 만든 차도와 주차장을 이용할 수 있도록 배려해주기도 한다. 일주문과 천왕문을 가뿐히 뛰어 넘고 범종각에서부터 부석사를 맞이했다. 막쌓기 석축은 천왕문, 범종각, 안양루 주변으로 총 세 곳에 조성되어 있다. 건너뛴 천왕문 쪽은 나중에 보기로 하고 우선 안양루에 올랐다.

끝없는 산맥과 그 위로 펼쳐진 하늘엔 허공의 무한함이 있었다. 탁 트인 경치에 여기저기서 감탄이 터져나왔다. 지금은 산에 있는 절이 익숙하지만 부석사는 우리나라 사찰 중에서 산에 조성된 초창기 사찰이다. 불교를 받아들인 삼국시대 사찰은 도심인 평지에 있었다. 통일신라시대가 되면서 사찰이 산으로 들어가기 시작했다. 평지에서 산으로 들어간 것에는 여러 배경이 있지만, 그중 하나는 귀족이 믿었던 화엄종이 군사적 요충지를 선점하기 위해 왕명을 받아 전략적으로 산에 절을 짓기 시작했다는 것이다. 이후 일주문과 천왕문 그리고 범종각이 고려시대에 생기면서 일직선으로 이어지는 길이 생겼다. 사찰이 산으로 들어간 이유라고 흔히 알려진 '억불숭유抑佛崇儒'는 조선시대의 이유였을 뿐, 사찰이 산에 들어가기 시작한 것은 훨씬 전부터의 일이었다.

여러 시대를 거쳐 완성된 길고 가파른 부석사의 길은 불교의 우주관을 표현한 것이다. 우주의 중심인 수미산 꼭대기의 색계와 그 위의 무색계에 이르는 것은 불교의 우주관이자 일주문

◦ 안양루에서 보이는 산맥

에서 무량수전까지의 서사다. 그런 과정을 뛰어넘고 내가 옆으로 난 차도로 사찰에 오른 것은 실은 수련의 과정을 생략한 얄팍한 수였다. 그럼에도 불구하고 안양루 앞에 펼쳐진 높은 하늘과 산세를 보며 숭고함을 느꼈다. 서양의 성당은 압도적으로 높은 천장을 통해 신의 존재를 느끼게 했다면, 한국의 사찰은 겹쳐진 능선들 속에서 허공의 아득함을 느끼게 하며 겸허함을 불러일으킨다. 광대한 자연을 등지고 바라본 그 유명한 무량수전은 무척 소박했다. 어떤 화려한 건물일지라도 끝없는 능선과 허공 앞에선 작아질 뿐이다. 소박하면서도 여백이 있는 건축물의 넉넉함이 이토록 아득한 산세가 들어설 자리를 마련해주었다.

    탁 트인 산세와 높은 하늘이 주인공이라면, 무량수전으로 오르는 좁고 긴 길의 양편에 펼쳐진 석축은 그 배경이 되어준다. 왔던 길을 되돌아 천왕문을 지나자 키가 작은 소나무들이 빼곡히 들어차 있는 석축이 나왔다. 나무를 헤집고 마주한 3미터 높이의 석축은 그야말로 압도적이었다. 육중한 돌과 작은 돌이 공간을 가득 채웠다. 일반적으로 석축을 쌓는 방법은 두 가지다. 정방형이나 장방형으로 다듬은 돌을 차곡차곡 쌓아 올리거나, 다듬는 노고를 덜기 위해 아래로는 큰 돌을 놓고 위로 갈수록 작은 돌을 쌓는 것이다. 부석사 석축은 두 방식 모두에 속하지 않는 독창성을 추구했다. 자연석의 형태를 그대로 사용하거나, 다듬더라도 일정한 모양을 만드는 것이 아닌 필요한 고유의 형태로 다듬었다. 대체적으로 60센티미터가 넘는 자유로운 형태의 큰 돌들 사이로 정교한 선을 이루는 작은 돌들이 들어찼다. 크고 육중한 돌들과 그 사이를 아름다운 선으로 메꾼 작은 돌의 조화는 마치 한 편의 추상미술을 보는 듯한 기분을 들게 한다.

    석축 앞에서 한 시간을 넘게 서성였다. 부석사의 석축은 자연이라고 하기에는 너무나 정교하고, 인공이라고 하기엔 너무도 자연스러웠다. 천 년 전 이 석축을 만든 이는 그 어디서도 볼 수 없는 독특한 양식을 완성했다. 산꼭대기에서 중장비도 없이 큰 돌을 모아 균형감 있게 배치한 후 작은 돌을 중간중간 짜맞추며 완성한 석축은 돌로 만든 예술이었다.

　　한참을 감상하다 만약 미술관이라면 금기되었을 행동을 해보았다. 석축에 손을 가만히 댔다. 오랜 시간을 머금은 돌이라 좀 다를까 했지만 차갑고 거친 돌의 질감은 여느 돌과 다르지 않았다. 석축이 제작되었을 고려시대의 어느 하루를 떠올려보았다. 분주하게 움직이는 인부들 사이로 모든 것을 주관하는 스님이 있다. 어떤 돌이 어느 위치에 올려지고, 그 옆으로는 또 어

◦ 부석사 석축

떤 거석을 배치할지, 사이 공간을 메꿀 작은 돌은 어떻게 넣을지 진두지휘하는 모습과, 이토록 거대한 바위들을 한곳으로 나르는 인부들을 상상해보았다. 큰 돌들의 균형감 있고 조화로운 배치는 돌의 형태를 모두 따져가며 이루게 된 결론일 것이다. 어쩌다 만들어진 아름다움이라고 하기에는 너무나 절묘하다. 보물로 지정된 유일한 석축인 불국사의 가구식 석축과 더불어 부석사 석축 또한 하루빨리 보물로 지정되길 바라며 한참을 발걸음을 떼지 못했다.

정직하게도 아래쪽의 방문객 주차장에 차를 댄 사람들이 힘겹게 올라오고 있었다. 무리 중 누가 오자고 한 사람이고, 따라온 사람인지 구분하기란 어렵지 않았다. 절에 가는 줄 알았지 이렇게 등산할 줄은 몰랐다며 울상인 일행을 달래며 사천왕문을 지나고 있었다. 작은 소나무 수십 그루에 가려져 아름다운 석축을 보지 못하고 지나치는 것이 아쉬웠다. 그들의 힘겨운 길에 그나마 위로가 되는 것이 있다면 바로 이 석축일 텐데.

그냥 떠나기가 아쉬워 다시 무량수전 앞 안양루에 올랐다. 자연의 웅장함 속에 인간의 존재가 티끌처럼 여겨졌다. 가파른 길과 닮은 인생의 고난이 가쁜 숨과 함께 탄성이 되어 산맥 어딘가로 날아가는 듯했다. 천 년의 돌과 그림보다 더 곱게 겹쳐진 능선에서 불교에서 말하는 무아無我의 경지를 되뇌었다. 허공은 무한하다고 체득하는 경지空無邊處地, 마음의 작용은 무한하다고 체득하는 경지識無邊處地, 존재하는 것은 없다고 체득하는 경지無所有處地, 마침내 생각이 있는 것도 아니고 없는 것도 아닌 무색계의 네 가지 경지非想非非想處地. 끝없는 산세와 허공을 오래 바라보다 보면 꼭 깨달을 수 있을 것만 같았다.

외진 곳에서
한적하게 살고자

창덕궁 낙선재

　날씨 좋은 주말, 창덕궁 후원 입장표는 인기 있는 가수의 콘서트 티켓만큼 구하기 어렵다. 이때 표를 구하지 못한 사람에게 낙선재는 위로가 되는 정원이다. 창덕궁 전각을 모두 관람한 후 갈림길이 나오는데 이때 티켓을 손에 쥔 이들은 당당하게 왼쪽 언덕을 올라 후원으로 향하고, 안타깝게도 다음 기회를 노릴 수밖에 없는 이들은 오른쪽 아래로 내려가 낙선재에게 위로를 구해야 한다.

　길 아래로 넓은 공터와 함께 낙선재가 등장한다. 지금은 문 하나만 거치면 낙선재의 사랑채가 바로 등장하지만 원래 여러 담장을 통해 들어가는 구성이었다. 지금은 담장이 없는 곧터로 남아 있다 보니 언덕 아래 바로 보이는 옆문으로 자연스럽게 동선이 이어진다. 하지만 원래 있었던 담장과 문을 통과했다면 정식 입구는 남쪽의 장락문이다. 여러 겹의 담장이 있었던 낙선재의 위상을 조금이라도 느껴보기 위해 남쪽 문 뒤로 한참 물러섰다가 천천히 들어가 보기를 권한다. 그러면 장락문이 액자가 되어 상량정과 낙선재가 한 폭의 그림처럼 담기는 것을 볼 수 있다. 공간의 틀로 문을 배치하는 옛 선조들의 건축 실력은 매번 감탄을 자아낸다.

낙선재樂善齋는 사랑채의 역할을 하는 헌종의 서재이고, 그 옆으로는 안채 역할을 하는 경빈 김씨의 처소, 석복헌錫福軒이 있다. 석복헌 오른쪽, 담장으로 영역을 구분하고 있는 수강재壽康齋는 대왕대비의 처소이다. 각자 이름이 다른 세 개의 건축물은 사랑채 이름인 낙선재로 전체를 통칭하기도 한다. 정통성을 분명히 하기 위해 만수무강을 기원하는 수강재에 조대비 순원왕후가 함께 생활하였다. 복을 내린다는 뜻의 석복헌은 힘없는 왕이 이렇게나 아름다운 건축물을 지을 수 있었던 명분을 설명해 준다. 무력한 헌종이 왕위 계승을 위한다는 것보다 궁 안에 건물을 지을 수 있는 더 좋은 명분은 없었으리라. 모든 문이 굳게 닫히는 적막한 밤, 낙선재와 석복헌의 침실 문이 조용히 열리는 것

○ 장락문으로 보이는 상량정과 낙선재 처마

을 누구도 알 수 없게 하려는 듯 침실을 마주 보게 지었다.

궁은 권력을 상징하는 건축물이 주류를 이루기 때문에 민가 형식의 건축은 궁에서 보기 쉽지 않다. 드물게 볼 수 있는 궁 속의 민가 건축 중에 가장 화려한 곳이 바로 이 낙선재이다. '재齋'란 외진 곳에 한적하게 건립하는 건축물로, 숨어서 수신하고 은밀하게 처신하는 곳에 붙여지는 이름이다. 낙선재를 짓는 건 이름만 왕이었던 헌종이 왕의 권력을 사용할 수 있었던 거의 유일한 일이었기에 '재'라는 이름에 비해 화려한 건축물이 되었다. 스물세 살의 나이로 허망하게 살다 간 헌종은 은신처 낙선재에 숨어 은밀하게 살았다. 그 시작은 정조의 죽음으로 거슬러 올라간다. 1800년 정조의 갑작스러운 죽음 이후, 영조의 왕비는 어린 순조를 대신하여 왕실의 큰 어르신으로 군림했다. 시간이 흘러 순조에겐 총명한 아들 효명세자가 있었는데 외척 세력과 대립하면서 왕권을 강화하던 세자는 스물두 살의 나이로 갑자기 죽었다. 믿었던 아들의 죽음에 충격을 받은 탓인지 순조도 4년 뒤인 마흔다섯 살의 나이로 운명했다. 그렇게 아버지와 할아버지를 연달아 잃은 헌종은 어린 나이로 왕위에 오르게 되었다. 조용히 은밀하게 처신하지 않으면 자신도 언제 어떻게 될지 모른다는 불안감을 가지고 여덟 살의 나이로 조선의 왕이 되었다.

갑작스러운 왕들의 죽음과 뒤이은 나이 어린 왕은 외척 가문들에게 기회였다. 조대비와 대비는 권력을 손에 넣기 위해 끊

임없이 다투었고, 이러한 왕실의 소용돌이 속에 어린 왕 헌종이 있을 곳은 아무 데도 없었다. 이양선이 출몰하는 등 국제 정서가 급변하는 시기에 헌종은 그 무엇도 자신의 손으로 할 수 없다는 무력감에 괴로워했다. 마음 기댈 곳이 간절한 그에게 후궁, 경빈 김씨는 피난처였다. 경빈 김씨와 둘만이 함께할 공간이 필요했던 헌종은 창덕궁도 아니고 창경궁도 아닌 그 사이에 낙선재를 만들었다. 이러한 애매한 위치는 마치 헌종의 정치적 입지를 보여주는 것 같다. 할머니 순원왕후의 편도, 어머니 신정왕후의 편도 들 수 없었던 헌종은 어느 한쪽으로 치우칠 수 없는 끼어 있는 위치였다.

낙선재는 아름다운 집이다. 낙선재 창호의 정교함과 아름다움은 조선 최고이며, 누마루 아래의 빙열무늬 역시 화려하다. 조선 후기, 전돌 생산 기술의 발전은 아름다운 귀갑무늬 담장을 탄생시켰고, 화계에는 작약과 모란 등의 꽃과 괴석, 그리고 석함을 두어 무엇 하나 빠지는 데가 없다. 누군가는 왕의 건축물이지만 단청을 하지 않아 헌종의 검소함을 볼 수 있는 건물이라고도 하지만, 헌종은 어떤 사대부도 따라 할 수 없는 가장 화려한 민가를 완성했다. 낙선재 뒤에 있는 커다란 석함과 괴석은 후원 규모에 맞지 않게 화려하다. 낙선재 대청마루에서 뒷문의 창을 통해 담기는 화계와 괴석은 인기 있는 사진 촬영 구도이다. 이토록

○ 낙선재 창호

화려한 민가를 지은 이유는 낙선재에서만큼은 무력함을 느끼고 싶지 않았기 때문이었을 것이다.

낙선재가 완성된 지 3년도 채 되지 않아 헌종은 숨을 거뒀다. 후사를 만들지 못해 정통성을 지키지 못한 경빈 김씨 역시 궁 밖으로 쫓겨났다. 이후 조선은 나락의 길로 접어들어 순종은 국권을 빼앗긴 후, 낙선재에서 살게 되었다. 수강재에 거처하던

ㅇ 낙선재 뒤 화계와 괴석

순원왕후도, 영친왕 이은도, 조선의 마지막 공주인 덕혜옹주와 이은의 부인이자 마지막 황태자비인 이방자 여사까지, 모두 낙선재에서 여생을 보내다 마지막을 맞이했다.

궁에 있는 여러 화계 가운데 가장 아름다운 경치를 자랑하는 장소가 이곳 낙선재이다. 북악산에서 이어지는 산줄기 중 하나가 창덕궁을 향한다. 창덕궁으로 내려오는 산세는 두 갈래로 나뉘어 하나는 인정전으로, 다른 하나는 지금의 낙선재를 지나 종묘로 이어진다. 높은 곳에서 도성의 경치를 바라보며 조선 마지막 왕가는 하나둘씩 사라졌다. 이 넓디넓은 궁에서, 수많은 전각들을 뒤로한 채 낙선재에만 머물 수 있었던 조선의 마지막 왕족의 좁은 입지를 상징적으로 보여준다.

아름다운 화계에 올라 탁 트인 경관을 바라보는 마음 한구석에 쓸쓸함이 자리 잡는다. 지나온 세월의 장면들을 말없이 담아 온 정자 앞에 서서 맞은편 남산을 바라봤다. 주변이 트여 있는 경치 때문인지 외딴섬에 덩그러니 남겨진 기분마저 들었다. 정치적 무력감을 낙선재에서만큼은 느끼고 싶지 않았던 헌종의 바람과 달리, 조선의 마지막 왕가는 정치적 무력함을 낙선재에서 겨우 버텨냈다. 왕가가 보낸 마지막 시간이 화려한 아름다움을 담고 있는 낙선재여서 그나마 다행이다.

신라와 백제에도 정원이
있었다는 사실

경주 동궁과 월지

지금까지 잘 보존되어 있는 대부분의 정원 유적들은 조선 시대의 것들이다. 하지만 알려지지 않아서 그렇지 고구려를 제외한 신라와 백제의 정원들도 있다. 고대 정원에는 조선시대와는 전혀 다른 매력이 있다. 조선의 정원은 유교를 기본으로 하지만, 도교와 옛날부터 전해져 오는 민간 신앙의 요소도 바탕에 깔려 있다. 조선 이전의 정원에서는 좀 더 날것의 미를 느낄 수 있다.

동궁과 월지는 경주 여행의 필수 코스이다. 어두운 밤, 월지의 야경을 감상했던 경험은 내게 잊지 못할 기억으로 남아 있다. 본격적으로 정원 유산을 공부하고 난 뒤 전국을 답사하면서 한국 정원에서 가장 눈에 띄는 것은 항상 돌이었다. 언젠가 학부생 시절 스치듯 들었던 한 문장이 뇌리에서 떠나지 않았다. ᄇ로 "동궁과 월지에 돌을 놓는 기술의 비밀이 숨겨져 있으니, 그 비밀을 깨우치면 모든 것을 알게 될 것"이라는 말이었다. 돌을 어떻게 놓을 것인가는 정원 조성의 중요한 기술이다. 어떤 질감의 돌을 선택하고, 어떤 면을 선택해서 얼굴로 사용하며, 다른 돌들과는 어떤 관계를 맺으며 위치를 선정할지는 전문가의 영역이다. 어떤 크기의 돌들을 어느 정도의 간격으로 두는지에 따라 전체적인 분위기가 달라진다.

　　우리나라 고유의 돌 배치 미학이 가장 잘 실현된 곳이 월지라는 말에 설레는 마음을 가지고 오랜만에 동궁과 월지로 향했다. 야경으로 유명한 동궁과 월지의 아침은 한산했다. 돌에 대해 모를 때는 눈앞에 보이는 왼쪽의 건축물 임해전臨海殿으로 향하겠지만 이번엔 아무도 가지 않는 오른쪽으로 향했다.

　　월지의 오른쪽 길 끝엔 입수부가 있다. 두 개의 커다란 통돌을 이어 만든 수조 뒤쪽으로 'ㄱ'자형 수로가 있다. 욕조 같기도 한 수조를 지나 자연 계류형으로 만든 물길을 거친 후 폭포로 떨어지며 연못으로 들어간다. 동궁과 월지의 정확한 용도는 아직 규명되지 않았다. 월성의 동쪽에 있기 때문에 태자의 정원이라고 했었는데, 기존의 동궁과 월지 담장 너머 또 다른 정원 유적이 발굴되면서 월지는 왕의 정원, 동편의 독립된 정원이 태자의 정원일 가능성도 제기되고 있다. 용도는 정확히 규정되지 않았지만 조성 이유는 기록에 남아 있다.

월지가 만들어진 것은 674년, 나당전쟁이 한창인 시기였다. 당을 물리쳐야 삼국통일이 완성되는 상황에 당과의 싸움에서 이기고, 세 나라가 하나의 국가라는 인식을 갖게 하는 것은 신라가 풀어야 할 난관과 숙제였다. 월지는 완전한 통일을 기원하며 만든 정원이었다. 국가의 모든 동력을 모아 전쟁에 집중해도 모자란 시국에 정원을 만든 것은 월지가 단순한 정원이 아니었기 때문이다. 월지는 통일을 염원하는 주술의 목적을 수행하는 곳이었다. 월지의 수체계가 동북쪽에서부터 내려와 동남쪽으로 입수되어 다시 북쪽으로 빠져나가는 구조인 것은 마치 남쪽의 가장 큰 섬이 신라, 가운데 작은 섬은 백제, 서북쪽의 중간 크기의 섬을 고구려로 보고 세 나라가 힘을 합쳐 북쪽으로 당나라를 물리침을 상징한다.

주술이 통한 것인지 정원 완성 2년 후, 신라는 삼국통일을 이뤄냈다. 3년간 나라를 정비한 다음에 비로소 임해전이라는 건물을 지었다. 정원이 만들어진 지 5년 후에야 건축을 완성했다. 건축물보다 전체 공간의 맥락을 구성하는 정원이 먼저였던 것이다. 성공적으로 주술적 기능을 해낸 월지는 이후 왕궁의 정원이 됐다.

입수부를 지나 정원으로 들어갔더니 밤에는 볼 수 없었던 천 개의 돌이 보였다. 가까이서 보니 돌들이 개별적으로 놓인 것이 아님을 알 수 있었다. 모두 각자의 군락이 있었다. 그런데 보는 방향에 따라 군락의 범위가 달라졌다. 뒤에서 봤을 때 군락이라고 여겨졌던 것이 옆에서 보면 구도를 달리하여 조금 떨어져 있는 다른 돌을 끌고 와 또 다른 군락을 이루었다. 단순한 배치가 아니라 돌들 사이의 관계에서 아름다움을 추구한 치밀한 계획이 있는 듯했다. 신라인들은 돌을 깎는 것뿐 아니라 돌을 놓는 방식에서도 전문가였다.

　　돌의 군락들을 보다 전체를 아우르는 한 가지 특징을 발견했다. 정원의 지형에 따라 돌의 눕는 정도가 달라진다는 것이었다. 물가의 돌들은 대부분 누워 있는 모습이거나 아예 납작한 돌도 많았다. 납작한 돌 뒤쪽에는 그보다는 조금 세워진 돌이 있었고 그다음 돌들은 조금씩 더 세워져 있었다. 가장 뒤쪽에 배치된 돌들은 서 있는 모습이었다. 하지만 그 각도가 90도를 넘어 쏟아질 것 같은 돌은 없었다. 모두 땅에서 굳건히 일어서 안정감 있는 모습이었다. 모든 돌은 앞쪽보다는 일어서지만 뒤쪽보다는 누워 있는 위계 속에서 구도를 달리하며 놓여 있었다. 천 개의 돌에서 보이는 공통적인 특징이었다. 돌 하나하나가 아름답다고 할 순 없었다. 오히려 돌과 돌 사이의 공간에 눈이 갔다. 돌들의 관계가 조화를 이뤄 개별의 아름다움을 넘어섰다.

○ 동궁과 월지의 돌

임해전에서 정원을 바라보았다. 멀리서 보니 암석들이 남해 어딘가의 바닷가 지형을 연상하게 했다. 바다에 임했다는 뜻의 임해전과 월지 상부에서 발굴된 바닷가의 둥근 자갈 모두 해안을 상징한다.

경주에는 동궁과 월지 말고도 '구황동 원지'와 '용강동 원지'라는 신라시대의 정원이 더 있다. 세 정원의 공통점은 못과 섬의 형태가 남해안이 떠오르는 구불구불한 형태라는 것과, 자연석을 군데군데 두어 장식하였다는 점이다. 백제에도 정원은 있었지만 원형이 제대로 남아 있는 것을 찾기 쉽지 않다. 현재로서는 익산의 왕궁리가 백제 정원을 볼 수 있는 유일한 곳인데 유적에서 발견된 정원은 원래의 모습을 되살릴 수 있을 때까지 땅속에 묻혀 있어야 한다.

경주 구황동과 용강동, 익산 왕궁리는 생소하겠지만 불국사는 모두가 아는 곳이다. 지금은 만남의 광장처럼 쓰이는 불국사 계단 앞 소나무 숲 아래에 통일신라시대의 정원이 묻혀 있다. 청운교 및 백운교 앞 정원 유적은 1971년 발굴 조사로 모습을 드러냈지만 관람객들을 수용할 공간이 필요해 복원하지 않기로 결정되었다. 발굴된 정원이 이렇게 오랜 기간 복원되지 않그 땅에 묻히는 것에는 여러 가지 이유가 있지만 궁극적으로는 정원이 중요한 유산이라고 인식되지 않기 때문이다. 건축물과 탑 등에 지원되는 예산에 비해 정원 유산 복원에 대한 지원은 터무니없이 적은 것이 현실이다.

불국사의 자하문紫霞門은 자주빛 안개가 서린 문이라는 뜻이다. 자하문과 범영루 사이에 있는 석누조에서 물이 떨어지며 안개를 만들었으리라 추정하는 사람들이 많다. 청운교 아래가 터널과 같은 형태를 띄는 것은 배를 타고 그 안을 드나들었기 때문이라고도 한다. 그만큼 불국사 앞은 지금의 소나무 숲 광장이 아니라 저 멀리서부터 물안개가 피어오르고 폭포 소리 가득한 장소였다. 불국사의 원래 모습이 복원된다면 지금보다 훨씬 압도적인 공간이 될 것이다.

고대 정원 유적에서 느껴지는 자유분방함은 조선의 절제된 아름다움과는 또 다른 감상을 불러일으킨다. 고대 정원이 제대로 조명되고, 해석되어 많은 이들이 방문할 수 있는 곳이 된다면 한국 정원의 역사적 흐름이 조선시대에만 머물지 않고 더욱더 확장될 수 있다. 우리 문화의 색다른 매력을 느낄 수 있는 고대 정원으로 당신을 초대할 날을 기다린다.

작은 언덕을 사이에 두고

창덕궁 옥류천과 존덕지

창덕궁 후원은 규모가 상당하다. 투어를 시작할 때면 극기 훈련을 준비했다는 표현을 하는데, 각오를 단단히 하지 않고 편한 산책을 기대한다면 중간쯤부터 앉아서 쉴 곳만 찾게 된다.

가장 깊숙한 정원, 옥류천玉流川은 창덕궁 후원 중에서 제일 먼저 만들어진 정원이다. 적당한 곳들이 이미 선점되어서 어쩔 수 없이 가장 안쪽으로 들어간 것이라 생각할 수도 있지만, 사실은 간섭받지 않고 편하게 놀기 위해 정원을 만들다 보니 가장 먼 곳에 만들어졌다. 옥류천으로 가기 위해서는 고개를 두어 번 넘어야 한다. 창덕궁 돈화문에서 옥류천까지의 거리는 대략 2킬로미터가 좀 안 된다. 직선거리로는 그렇지만 창덕궁 전각을 구석구석 보고 한두 차례 고개를 넘어 옥류천에 도착하면 다시 돌아나가는 길이 까마득하게 느껴진다. 그래서 옥류천에 들어가기 전 내리막을 한번 보고는 고개를 저으며 언덕 위의 취규정聚奎亭에서 쉬는 것을 선택하는 사람들도 있다. 취규정이 있는 언덕을 기준으로 북쪽 아래에 옥류천이 있다면, 반대편 아래에는 존덕지尊德池가 있다. 옥류천은 아버지 인조의 정원이고, 존덕지 또는 반도지半島池라고 불리는 이 정원은 그의 아들 소현세자가 만들었다고 추정된다. 옥류천이 구석에 숨어 삶을 향유하고자 했던 정원이라면 존덕지는 밝게 빛나 세상을 비추고자 했던 세자의 정원이었다. 취규정의 언덕이 마치 두 사람 사이에 있던 장벽처럼 느껴진다.

여름이면 비취색 한기가 느껴질 정도로 서늘한 옥류천에는 물소리가 옥구슬이 구르는 것처럼 울려 퍼졌다. 광해군을 몰아내고 반정으로 왕이 된 인조는 나라를 다스리는 데 특별한 뜻이 있다기보다, 권력을 누리는 데에 더 열심이었다. 나라 밖의 정세가 심상치 않으니 정사를 돌보라는 신하들의 말을 귀찮아하며 뱃놀이를 일삼았다. 계속된 잔소리가 듣기 싫어 궁 가장 안쪽, 눈에 띄지 않는 구석에 정원을 만들었다. 깊숙한 옥류천은 세상과 동떨어진 공간이었다. 옥류천을 고운 시선으로만 보기 어려운 이유는 백성을 위한 지도자이기 전에 권력을 향유하고자 하던 개인의 정원이기 때문이다. 인조는 나라를 살필 시간에 어떻게 하면 구석에 들어가서 향락을 일삼을지 고민하던 왕이었다.

　　정원을 만든 의도는 괘씸하지만, 많은 걸음으로 지친 다리를 보상해줄 만큼 볼거리가 많다. 창덕궁 후원에서 옥류천 정원만큼 왕으로서 마땅히 가져야 할 의무와 책임은 뒤로한 채, 절대 권력자로서의 권한을 누리는 것에만 집중한 정원은 없다. 정원의 중심에는 육중한 자연 암석, '소요암'이 있다. 자연 바위로 보이는 소요암은 자세히 살펴보면 인위적으로 깎아 만든 작품이다. 얼굴이라 할 만한 면석의 중앙에는 옥류천의 정체성을 알려

◦옥류천 소요암

주는 시가 새겨져 있다.

　　"비류삼백척 요락구천래 간시백홍기 번성만학뢰飛流三百尺
遙落九天來 看是白虹起 飜成萬壑雷"

　　숙종의 시에 등장하는 구절이다. '삼백 척을 날아오르는
물'과, '구천 높이에서 떨어지는 폭포'는 작은 바위에 졸졸 흐르
는 물줄기를 표현한 것이다. 암반에 불과한 암석을 하나의 거대
한 산으로 과장해 둔갑시켰다. 시가 적힌 면석과 이어진 편평한
판에는 'C'자형 곡선의 물길을 만들었다. 물길의 끝엔 90도 각도
로 깎인 절벽을 타고 폭포로 떨어진다. 뫼 산 자 모양의 면석, 판
판한 돌, 그리고 폭포로 떨어지는 절벽의 수직면까지 3단의 소
요암은 자연 암반을 인위적으로 깎아 하나의 세계를 완성했다.
이렇게 큰 공을 들여 만든 소요암은 '유상곡수'라는 술놀이 명
소였다. 중국 동진시대부터 시작된 유상곡수는 흐르는 물에 술
잔을 띄우고 차례가 된 사람이 자신의 앞에 잔이 도착하기 전까
지 시를 한 수 짓지 못하면 벌칙으로 술을 마시는 놀이이다. 가
장 유명한 경주 포석정 말고 조선시대 궁에서 유상곡수를 구현
한 곳은 이곳이 유일하다. 소요암 옆의 한쪽 구석에는 대나무와
조릿대 등으로 만든 병풍인 취병翠屛으로 둘러싸인 부엌이 있다.
유흥에 진심이었던 인조에게 맛있는 음식은 빠질 수 없었을 것
이다. 인조가 술판을 벌이기 위해 옥류천을 만든 것은 병자호란
이 일어나기 불과 몇 달 전이었다. 그렇게 나라는 패전하고 백성

들의 삶은 고달파지게 되었다.

병자호란 패전 후, 인조의 아들 소현세자는 청나라 심양 고궁에 잡혀갔다. 볼모 생활이었지만, 소현세자는 좋은 대접을 받으며 청나라를 살펴볼 수 있었다. 소현세자에게 청나라는 원수가 아닌 새로운 문물로 앞선 나라로 보였다. 8년간의 볼모 생활을 끝내고 조선에 돌아온 소현세자는 옥류천 반대편 언덕 아래에 자신의 정원을 만들었다. 정원의 중심에는 존덕정이 있다. 이를 소현세자가 만들었다고 추정하는 근거는 2층 지붕에 작은 원기둥 3개와 큰 원기둥이 짝을 이루는 건축물 구성이 심양 고궁에서 소현세자를 위한 연회가 열렸던 대정전의 축소판이기 때문이다. 귀국 직후 만든 정원의 중심에 있는 중국풍 정자는 청나라에 대한 소현세자의 입장이 어떠한지, 미래의 왕이 앞으로 두 나라의 관계를 어떻게 이끌 생각인지 짐작할 수 있게 해준다. 하지만 귀국 후, 두 달이 채 안 된 어느 날 소현세자는 서거했다. 인조는 이상하게도 갑자기 죽은 아들의 사인을 제대로 알려고 하지 않았다. 언덕 아래 아들이 남긴 정원은 그렇게 제대로 꽃도 피워보지 못하고 잠들어버렸다.

원래 존덕정의 위아래로는 여러 개의 지당이 있었다. 반달에서 시작한 지당의 물은 세 개의 방지를 지난 후 보름과 같은 원형의 지당으로 흘렀다. 정원은 마치 반달에서 보름달이 되어가는, 달이 차오르는 하늘의 섭리를 표현한 듯하다. 육각형의 존

◦ 존덕정

덕정은 절반은 땅 위에 절반은 물 위에 있다. 존덕정을 기준으로 위쪽에 반달이 아래로는 보름달이 있는 것은 마치 존덕정을 짓기 이전의 자신은 반쪽짜리 왕이었지만 존덕정 이후, 모두가 우러러보는 보름달 같은 왕으로 거듭날 것을 표현한 것 같다. 하지만 조선을 발전시킬 포부를 품었던 미래의 왕은 보름달이 뜨기도 전에 허망하게 가버렸다. 250여 년이 지난 후, 고종은 존덕지의 모습을 대대적으로 변화시켰다. 존덕정은 그대로였지만 반월과 방지가 하나로 합쳐지고 존덕정 아래의 두 개의 방지와 월지 역시 합쳐져 지금의 모습이 되었다. 언덕 위 승재정勝在亭과 부채꼴 모양의 독특한 정자 관람정觀纜亭 역시 고종 때 만들어진 것이다. 그렇게 소현세자의 정원은 존덕정만 남긴 채 사라졌다.

개인이기 전에 국가의 왕이고자 했던 소현세자를 국가의 수반이기 이전에 개인이고자 했던 아버지는 못마땅해했다. 자신을 대신해 청에게 복수해주길 바랐던 아버지는 나라를 위해 고심하는 아들이 괘씸할 뿐이었다. 언덕을 사이에 두고 왕과 왕위를 물려받을 아들은 다른 세상을 살았다. 달을 닮고자 했던 이의 정원과 술잔이나 담고자 했던 이의 정원, 존덕지와 옥류천이다.

볼품없지만

오랫동안 함께 있고 싶은

담양 소쇄원

차 안에서 비가 그치기를 기다릴 겸 잠시 지친 눈을 감았다. 30분 정도 지났을까, 세차지는 빗줄기에 이대로 오늘 답사를 접을 것인가 고민에 빠졌다. 소쇄원을 뒤로 미루는 것은 일정상 불가능했다. 눈앞을 가릴 정도의 비가 아니라면 사진을 찍고 정원을 돌아다니는 것에는 문제가 없다. 결단을 내린 후 카메라를 감싸안고 소쇄원으로 향했다. 대나무 숲 아래 오리들이 비를 맞으며 놀고 있었다. 숲을 지나니 물소리 가득한 소쇄원이 나왔다. 풍부한 물로 생기 넘치는 소쇄원을 홀로 걸으며 비 오는 정원의 매력에 푹 빠졌다.

날씨 좋은 정원은 많은 이와 나눠야 하지만 비 오는 정원은 둘만의 은밀한 데이트를 할 수 있다. 누구에게도 보여주지 않은 모습을 내게만 내어주는 것 같아 소쇄원과 특별한 사이가 되었다는 기분마저 들었다. 정원에서 바뀌는 날씨, 계절, 시간은 정원의 옷장이다. 같은 정원도 언제 가느냐에 따라 감상이 달라진다. 마치 옷을 갈아입듯이 계절마다, 날씨마다 다른 매력을 보여주기 때문에 정원을 방문하기 가장 좋은 때란 존재하지 않는다. 그날의 정원이 가진 매력을 찾아 즐기는 것이 방문자의 몫이다.

소쇄원瀟灑園은 별서 정원 가운데 최고로 꼽힌다. 무엇이든 '최고'라는 이름이 붙으면 부담스러워지는 법. '최고의 정원'은 방문하는 이에게 어떤 부담을 주는 것 같다. 어떤 특별함을 느껴야지만 될 것 같은데 막상 방문한 소쇄원은 그다지 화려하지도 대단한 볼거리도 없는 정원이라 큰 기대를 가지고 온 사람들에게 실망 내지는 당혹감을 주곤 한다. 세 개의 단출한 건축물이 드문드문 있고, 흐르는 계류 주변에 담장을 둘러친 것이 전부인 정원은 대충 5분이면 한 바퀴 돌 수 있을 만큼 규모도 크지 않다. 두세 시간 정도는 머물러야 할 것 같은 정원이지만 누구와 함께 가도 30분 이상 있기가 쉽지 않다. 나 역시 근처의 다른 볼거리를 찾아 나서는 사람들의 성화를 이기지 못하고 아쉽게 소쇄원을 떠나곤 했었다.

한 번씩 정원 유산을 공부하는 이들과 함께 문헌 자료들을 잔뜩 들고 오면 열기가 후끈거린다. 구석구석 계절을 달리하며 소개하고 있는 김인후의 〈소쇄원 48영〉을 펼치고 실제 공간과 비교해가며 삼삼오오 모여 토론하는 모습을 보고 있으면 흐뭇해진다. 소쇄원을 그려놓은 목판본을 가지고 다가와 이것저것 물어보면서 감탄하는 학생들을 보면 처음 소쇄원을 방문했을 때가 떠오른다. 비가 주룩주룩 오는 아무도 없다시피 한 정원에서 한참을 서성이며 소쇄원이 내 것인 양 머물렀던 시간. 어떤 방해도 없이 정원과 하나가 된 듯한 기분을 느끼며 이곳이 생동감 있게 실제 운영되었던 모습을 상상했다. 손님이 온 것에 들뜬 주인 양산보, 해 질 녘과 밤의 정원 분위기, 이른 새벽의 물안개 낀 모습, 겨울에 소복소복 눈 쌓이는 소리를 상상했다.

한국 최고의 정원이라길래 화려한 볼거리를 기대하며 왔는데, 별 볼 것 없다는 반응도 이해가 된다. 보통 정원이라고 하면 상당한 부와 권력을 가지고 당대 최고로 호화롭게 꾸미는 것이 일반적이겠지만 소쇄원을 비롯한 조선시대 별서들은 애초부터 그럴 생각이 없었다. 그저 친구들과 함께 모여 편하게 지내려고 만든 곳이지 내 정원이 얼마나 대단한지 보여주려고 만든 곳이 아니다. 그래서 오래 머물수록, 뜯어볼수록 양산보라는 주인이 어떤 마음으로 정원을 만들었는지 진심이 느껴진다. 소쇄원은 알면 알수록 감동적인 정원이다.

소쇄원의 세 건축물은 각자의 역할이 있다. 제월당霽月堂, 광풍각光風閣, 그리고 대봉대 위의 초정草亭. 그중에서 주인 양산보를 위한 건축물은 가장 높은 곳에 있다. 높은 곳에서 전체를 내려다보는 조망권이 있는 제월당은 공간을 지배하려는 뜻이 없다. 오히려 전체 공간에 문제는 없는지 세심히 살펴보기 위해 높은 곳에 위치했다. 사실 소쇄원의 백미는 계류 물이 폭포가 되어 떨어지는 지점이다. 제월당을 제외한 나머지 건축물인 광풍각과 초정은 폭포를 가장 잘 볼 수 있는 곳에 위치하고 있는 것도 그 때문이다. 반면 제월당에서는 계류 자체를 볼 수 없다. 제월당에서 가장 잘 보이는 곳은 소쇄원으로 들어오는 손님이다. 건축물의 방향도 입구 쪽으로 배치되었다. 그리고 무엇보다 '제월당'이라는 이름 자체에서부터 주인이 얼마나 손님을 위하고 있는지 느껴진다.

'제월'과 '광풍'은 중국의 시인인 황정견이 자신이 존경하던 유학자 주돈이에 대해 쓴 시의 첫 구절에서 따왔다. "정견칭기인품심고 흉회쇄락 여광풍제월庭堅稱 基人品甚高 胸懷灑落 如光風霽月". 비가 그치고 맑게 갠 날에 부는 바람과 밝은 달처럼 개운하고 깨끗한 생각을 가졌다는 뜻이다. 주돈이가 얼마나 깨끗하고 맑은 사람인지 느껴진다. 시의 마지막 구절은 "누구보다 볼품없어 보이는 사람이었지만, 이와 상관없이 친구들은 그와 오랫동안 함께 있기를 좋아했다"라며 끝난다. 주돈이는 성리학을 집대성한 주희의 스승 가운데 한 사람이자, 조선시대 유학자들 사이에서 인기가 많은 사람이었다. 소쇄원의 건축물 이름에서 양산보가 주돈이를 무척 닮고 싶어 했던 마음을 엿볼 수 있다.

　누군가를 향한 찬사 가운데 오랫동안 함께 있고 싶은 사람이라는 말보다 더 좋은 말은 없을 것이다. 가진 것이 많아서, 얼을 것이 있어서 가까이하는 것이 아니라 함께 있으면 그저 좋아서 오랫동안 가까이 있고 싶은 사람이란 말에서 깊은 애정이 느껴졌다. 친구에게 그런 말을 들을 수 있다면 그보다 성공한 인생이 있을까? 아마 양산보 역시 같은 생각이었을 것이다. 그는 벼슬을 하지도, 대단한 부가 있는 것도 아니었다. 세상의 기준으로 본다면 볼품없던 그가 정말 바랐던 것은 오랫동안 함께 있고 싶어지는 친구가 되는 것이었다. 그런 마음으로 만든 정원은 그 어떤 곳보다 주인이 아닌 손님을 위한 정원이 되도록 만들었다.

　소쇄원 계류의 위쪽과 아래쪽에는 다리가 있다. 〈소쇄원 48영〉에서 두 다리를 '끊어질 듯한 다리斷橋'와 '위태로운 다리危橋'라 표현한 것은 정말 위험해서라기보다는 별 기교 없이 놓여진 다리라서일 것이다. 현재는 많은 관광객이 찾는 곳이라 위태로움과 거리가 멀게 콘크리트로 튼튼히 재정비해놨다. 지금은 사라졌지만 예전엔 아래쪽 다리인 위교를 건너면 버드나무가 있었다. 버드나무에는 대나무 통이 매달려 있어 손님이 온 것을 미처 보지 못한 주인을 위해 초인종 역할을 했다. 버드나무에 매달린 대나무를 두드리면 정원에 소리가 울려 퍼지며 주인이 반갑게 달려 나왔다. 반가운 손님 중에서 친분이 두터운 사람들은 며칠씩 머물다 가곤 했다. 광풍각은 그런 특별 손님을 위한 게스트룸이었다. 지금은 없어진 버드나무 자리를 지나면 담장과 계단이 나온다. 담장 뒤로는 살짝 가려진 곳에 광풍각이 있다.

며칠씩 머물다 가는 것이 부담스럽지 않으려면 각자의 생활 공간이 있어야 했다. 제월당과 광풍각 사이의 담장은 서로의 사생활을 위해 필요했다. 그런데 한 겹이어도 될 담장을 두 겹으로 해놓은 것이 특이했다. 한 겹이어도 충분히 두 공간을 분리할 수 있는데 굳이 품을 들여 두 겹으로 담장을 둔 이유는 뭘까? 담장이 한 겹일 때와 두 겹일 때 달라지는 것은 동선이다. 지금은 광풍각에서 계류 쪽으로 나와 신을 신고 담장 옆에 있는 계단을 오르면, 광풍각 뒤편의 두 담장 사이의 작은 공간으로 들어가게 된다. 만약 한 겹의 담장이었다면 굳이 돌고 돌아 제월당을 향할 것이 아니라 광풍각 뒤로 계단을 만들어 문으로 바로 향했을 것이다. 하지만 이렇게 되면 몇 가지 문제가 발생한다. 일단 제월당에서 먼저 문을 열 경우 광풍각이 노출된다. 높이 있는 문 앞에서 누군가 문을 열어도 되겠느냐는 소리가 계류 물소리에 가려 들리지 않을 수 있다. 듣지 못해 대답이 없는지, 집에 없어서 그런지 알 수가 없다. 또 다른 문제는 광풍각의 손님이 계단

◦ 제월당과 광풍각 사이의 담장

을 올라 문을 여는 경우다. 문을 두드리며 들어가도 되겠냐는 손님의 물음에 편한 차림의 주인이 잠시만 기다리라며 서둘러 다급하게 채비를 하면 서로 민망해지는 상황이 발생한다. 여기서 담장이 두 겹인 이유와 담장 길이의 뜻을 깨닫게 된다. 담장의 길이가 더도 말고 덜도 말고 딱 현재의 모습인 이유는 광풍각 안에 있는 손님을 바로 뒤편 제월당에서 내려다보는 듯한 시선에서 보호하고, 손님이 신을 신고 올라오는 것은 알아차릴 수 있게 하기 위해서였다. 담장이 더 길어지면 제월당에서 광풍각이 아예 보이지 않았을 것이고, 그보다 짧으면 광풍각과 공간을 분리하는 의미가 없이 너무 많이 노출되었을 것이다. 제월당 누마루에 있는 주인, 또는 마당을 비질하는 하인이 정자 밖으로 손님이 나오는 것을 발견하면, 손님이 계단을 오르며 돌고 도는 동안 준비할 시간을 벌 수 있었다. 별것 아닌 것 같지만 세심함이 느껴지는 대목이다.

광풍각 반대편 초정에는 정원에서 가장 다양한 볼 거리와 즐길 거리들을 배치했다. 떨어지는 폭포를 가장 가까이에서 볼 수 있고, 대나무 통으로 물을 길어 초정 옆에 있는 지당으로 들어가게 했다. 지당에는 물고기가 살아서 먹이를 주기도 하고 낚시도 했다. 초정 바로 앞, 암반의 평평한 곳에서는 거문고 타는 이가 앉아 연주를 하기도 했고, 폭포 건너편에서는 바둑판 모양의 바위가 있어 바둑을 두며 내기를 하기도 했다. 주변 또 다른 너럭바위에서는 한밤중 벌러덩 누워 달을 보기도 했었다는 이야기가 〈소쇄원 48영〉으로 전해진다.

초정 바로 뒤에는 벽오동이 덩그러니 심겨 있다. 그다지 예쁘지도 않고 좁은 공간에 굳이 심을 이유가 없어 보이지만 벽오동은 소쇄원 전체를 아우르는 상징성을 가진 나무다. 초정의 기단 역할을 하는 대봉대待鳳臺는 봉황을 기다린다는 뜻이다. 봉황은 하늘을 날다가 쉬고 싶으면 아무 곳에나 앉지 않고 벽오동

° 소쇄원의 가장 낮은 곳에서 바라본 풍경. 왼쪽 건물은 광풍각

에만 내려앉는 습성이 있다. 봉황은 태평성대를 상징하기도 하지만 뛰어난 사람을 뜻하기도 한다. 양산보는 다방면으로 뛰어난 이들이 이곳을 찾길 바랐다. 이를 상징하는 벽오동을 초정 바로 뒤에 심고, 소쇄원에 놀러온 손님들을 봉황과 같이 여겼다. 소쇄원 주변의 수많은 대나무 역시 대나무 열매만 먹는 봉황을 위해 한번 오셨으면 오래 머물다 가라는 의미이다. 하지만 올 리 없는 봉황을 대신해 초정 바로 옆에 새장을 두고 새를 길렀다.

소쇄원 목판본 그림 왼쪽 아래엔 나귀를 탄 손님이 하인을 앞세워 들어온다. 아직 담장 안쪽이 아닌 계류 옆의 아래쪽 지당을 지나고 있다. 계류 옆으로 두 개의 지당이 있다. 초정 옆에 물고기가 살고 있는 위 지당은 물을 끌어오는 모습을 구경하는 등 다채로운 즐길 거리를 위해 만들어졌다 치더라도 입구에 있는 아래 지당의 존재 이유는 무엇일까? 담장의 시작이 아래 지당을 가리지 않고 있다는 점에서 담장이 중간에 끊기는 것과 지당의 존재가 밀접한 관련이 있다는 생각이 들었다. 지당의 역할은 다양하다. 정원계에서는 경관을 연출한다는 점에 주목하지란 실질적인 지당의 주요한 역할은 물을 제공하는 것이었다. 저수의 역할을 겸하는 지당을 굳이 계류가 있는 바로 옆에 만든 것은 편의성에 있었다. 계류는 그 주변에 사는 사람들과 산을 오르는 나무꾼들에게 생활용수이자 더위를 식히는 곳이 된다. 그런데 계류를 차지하며 갑자기 정원을 만들어 물을 사용할 수 없게 하는 것은 아무리 양반이어도 좋은 소리를 듣기는 어렵다. 양산보는 지당 두 개를 만든 후, 하나는 담장을 두르지 않고 공유했다. 내려가 물을 긷던 어려움을 해결할 편의 시설을 제공할 테니 정원 만든 것을 이해해달라는 뜻 아닐까.

김인후의 시에서 묘사되듯 울창한 대나무 숲 사이로 좁은 오솔길을 따라 소쇄원으로 들어가는 상상을 해본다. 어둡고 고요한 공간이 주는 긴장감과 기대감 끝에 갑자기 밝은 빛과 시원한 물줄기가 쏟아지는 소쇄원은 마치 공연 전 암전으로 집중도를 높였다가 극이 시작되는 것과 같은 효과를 주었을 것이다.

파리의 몽마르트르 언덕에 당대 예술가들이 모였던 것처럼, 소쇄원은 가장 인기 있던 유흥지가 아니었을까. 담양에 흐르는 강물을 따라 가사문학을 이끌었던 여러 문인들이 소쇄원 주변의 여러 정자에서 함께 시를 지었다. 수많은 문인들과 어울렸던 양산보는 항상 손님을 기다리며 오는 이들을 지극히 모셨다. 비가 그치고 맑게 갠 날에 부는 바람과, 청명한 달을 느끼며, 언제 올지 모르는 그리운 친구를 나도 마냥 기다려보고 싶어진다.

경회루 말고
놓치지 말아야 할 장면들

경복궁

경복궁을 걷다 보면 생각보다 광활한 크기에 놀라다가, 비슷해 보이는 전각들이 연속된 곳을 걷다 보면 방향 감각이 희미해진다. 그럴 때 기준으로 삼으면 좋은 것이 우뚝 솟은 북악산이다. 경복궁은 북악산을 북쪽에 두고 남쪽의 관악산을 향해 전각들이 일렬종대로 줄을 서 있는 구조이다. 북악산을 기준으로 계속 가다 보면 경복궁의 북문, 신무문神武門으로 나올 수 있다. 하지만 대부분의 인파는 더 뒤로 가다간 여정이 얼마나 길어질지 가늠이 안 되기 때문에 경회루까지만 구경하고 경복궁 감상을 마친다. 하지만 궁은 뒤쪽으로 갈수록 예뻐지니, 주저 말고 뒤로 뒤로 향해야 한다.

경복궁 북쪽 가장 깊숙한 곳에는 궁 안의 또 다른 궁인 건청궁乾清宮이 있다. 신변에 위협을 느끼던 고종이 만든 요새이다. 이동하는 동안 변을 당할까 두려워 침전과 편전을 하나의 공간에 두었다. 자연스럽게 고종은 같은 건물에서 잠을 자고 집무를 보았다. 건청궁 바로 앞으로는 향원지香遠池를 만들어 왕의 권위를 높였다. 네모난 지당과 동그란 섬은 하늘은 동그랗고 땅은 네모나다는 유교의 우주관을 반영한 것이다. 섬에는 2층짜리 육각형의 아름다운 정자 향원정이 있다. 건청궁에서 나온 고종은 현대식 하얀 다리를 건너 향원정으로 갔다. 취향교의 하얀색 다리의 생경한 모습에 제대로 된 복원이 맞는지 의문이 들게 하지만 고종은 신문물을 받아들이는 왕이었다. 그는 현대식 다리를 만들었을 뿐 아니라 건청궁 바로 옆에 이국적인 2층짜리 팔각 정자도 만들었다. 향원지의 취향교는 그가 만들었던 다리 중 유일하게 복원되었다. 덕수궁과 궁궐 밖에 설치된 궐외각사를 연결하던 다리와, 창덕궁 존덕지의 다리는 흔적과 사진으로만 남아 있다. 고종이 만든 세 개의 다리는 여러 선교사와 기자들이 찍은 사진을 통해서 옛 모습을 확인할 수 있다.

하얀 다리와 육각정자가 왕의 위상을 높여주는 존재였다면 향원지의 북서쪽 귀퉁이의 샘은 그의 의도를 보여준다. '한강의 진짜 근원'이라는 뜻의 열상진원洌上眞源이라는 이름을 샘물에 새겨놓았다. 이 샘의 물이 흘러 향원지로 들어간다. 물은 경복궁 남쪽으로 내려가 경회루와 금천을 거친 후 청계천과 합류하 한 강까지 이어진다. 사실 도성 안의 모든 물은 청계천으로 집수되어 동쪽으로 빠져나간다. 그럼에도 향원지의 샘에 한강의 또 다른 이름인 열수洌水의 상원이자 근원이라는 뜻이 부여된 것은 한양의 근원이 바로 이곳이며, 조선의 근본이 바로 고종이라는 것을 상징하고자 한 것이 아닐까. 물이 샘에서 나와 못으로 흘러가는 과정도 독특하다. 샘에서부터 땅 밑으로 흐르던 물이 동그랗게 판 석구를 빙그르르 돌며 등장한다. 휘돌아 감긴 물은 오른쪽으로 빠져나가며 다시 자취를 감춘다. 커다란 석판 밑을 흐르 물

◦ 왼쪽 열상진원에서부터 물이 흘러가는 구조

은 보이지 않는 곳에서 남쪽으로 방향을 틀어 돌로 만든 수로를 지나며 잔잔하게 향원지로 입수된다. 샘에서부터 지당까지의 높이차를 여러 과정을 거치며 점차적으로 해결했다. 덕분에 고요히 퍼져나가는 물줄기는 파장을 만들지 않는다. 이렇게 세심하게 입수 시설을 만든 이유는 고요한 물에 그림과 같이 비치는 아름다운 정자와 다리를 위해서이다. 지금도 사진작가들이 포착하려고 기다리는 아름다운 순간이다.

건청궁과 향원지 옆을 지나는 북악산의 정기를 따라가다 보면 왕비의 정원 아미산 화계에 다다른다. 교태전 뒤에 있는 아미산 화계를 보기 위해 찾아오는 관광객은 많지 않다. 안내를 받으며 이동하는 단체 관광객이나 어쩌다 길을 잘못 든 어리둥절한 관람객이 대부분이다. 북적이는 경회루와 달리 작고 아담한 이곳은 꽤나 고요하고 적막한 분위기를 느낄 수 있다. 제일 좋을 때는 이른 아침이다. 첫 수문장 교대 의식이 끝나기 전, 수많은 관광객들이 우수수 경복궁으로 들어오기 전에, 발걸음을 재촉하여 근정전, 사정전, 강녕전을 지나 교태전에 다다르면 아침 햇살을 머금은 고요한 화계가 기다리고 있다. 화려하게 장식된 굴뚝과 해시계를 놓던 앙부일구대, 그리고 연꽃 문양의 수조와 사람 얼굴을 닮은 괴석까지 여러 장식물들 사이에서 유독 마음이 가는 것은 함월지涵月池와 낙하담落霞潭이다. 돌로 만든 지당池塘

이라고 해서 '석지'라고 부르는 장식물이다. 달을 품은 못, 노을이 물든 웅덩이라는 뜻의 함월지와 낙하담의 이름이 참 예쁘다. 아마도 자유롭게 나다닐 수 없었던 왕비를 위로하기 위해 특별히 지어진 이름이 아닐까. 아미산 화계는 왕비의 산책로이기도 했다. 화계 중간중간 계단이 있기도 하고, 교태전 밖으로 나가면 화계의 가장 위편으로 갈 수 있는 문도 있다.

　　왕의 침소인 강녕전 뒤의 교태전은 본래 왕과 신하가 긴밀한 이야기를 나눌 때 쓰던 곳이었다. 1592년 임진왜란 때 모두 불타 없어진 경복궁은 270여 년 동안 폐허로 남아 있었다.

◦ 아미산 화계 굴뚝 앞의 함월지와 낙하담

1865년 흥선대원군은 경복궁을 복원하면서 교태전을 왕비의 침소로 재탄생시켰다. 이때 북악산 산줄기의 마지막 부분이었던 교태전 뒤편 언덕을 다듬어 아름다운 정원으로 만든 것이 아미산 화계이다. '경복궁전도'에 등장하는 파란 줄기는 북악산 산줄기를 뜻한다. 교태전 바로 뒤까지 뻗어 있는 가장 두터운 줄기는 북악산 정기를 표현한다. 경회루의 못을 만들기 위해 퍼낸 흙을 교태전 뒤에 쌓아뒀던 것이 지금의 화계가 되었다는 잘못된 이야기가 정설인듯 전해지게 된 이유는, 아미산 화계 뒷부분에서 산줄기의 자취를 찾아볼 수 없기 때문일 것이다.

흥선대원군이 경복궁을 복원한 지 50년도 되지 않아 일제강점기로 경복궁은 난도질당했다. 근정전 앞으로 총독부 건물이 들어서고 교태전 바로 뒤로 일본식 정원이 만들어졌다. 일본식 정원은 북악산에서부터 이어지던 줄기를 없애며 아미산 화계가 덩그러니 남은 둔덕처럼 보이게 하였다. 만약 흥선대원군이 경복궁을 복원하면서 아미산 화계를 만들지 않았다면, 북악산의 산줄기는 마지막 부분인 화계까지 깔끔하게 제거되었을 것이다. 사실 일제가 의도적으로 북악산의 정기를 끊기 위해 일본식 정원을 만든 것인지는 분명하지 않다. 일제가 교태전 뒤에 정원을 만들기 전부터 후원 부분엔 여러 건축물이 들어서 있었다. 어쩌면 일제강점기 이전부터 교태전 뒷부분이 개발되어 북악산 산줄기의 의미가 퇴색되었을 수도 있다. 중요한 것은 경복궁의 중심 건축물의 시작이 북악산 줄기의 끝과 맞닿아 있었다는 사실이다. 교태전에서 광화문까지 일직선 축선상에 놓인 주요 전각들의 기원이 북악산이라는 것은 중요한 상징성을 갖는다. '일월오봉도'를 보면 다섯 개의 산이 있다. 중앙의 높이 슷은 산은 북한산인 삼각산이고, 북한산은 북악산으로 이어진다. 북한산과 북악산의 기운이 아미산 화계로 전해져 중심 전각들을 지나 광화문을 통과해 조선 전체로 뻗어나간다. 북한산의 정기를 이어받은 궁이라는 것은 그만큼 중요한 의미였다.

아미산 화계 오른쪽 옆문으로 나가기 전에 뒤를 돌아보면 교태전의 오른쪽 건물인 건순각 건너편에 있는 단 위에 설 수 있다. 땅에서 올려다보던 화계가 달리 보인다. 왕비가 화계를 눈에 담을 때 일정 높이에서 마주보며 즐겼다면 가능한 시선이다. 이처럼 실제 이곳에 살았던 이들과 같은 시선에서 정원을 감상하려고 노력해봐야 한다. 교태전 대청 앞에서 들어 올려진 분합문을 통해 한 폭의 그림처럼 담기는 화계의 모습과, 건순각에서 사선으로 입체감 있게 보이는 보물로 지정된 육각 굴뚝의 자태는 실제 눈높이를 찾아 감상하려는 노력에 보상이 되어준다.

교태전에서 밖으로 나오면 탁 트인 개방감이 느껴진다. 광화문에서 교태전까지 중심 전각들이 가지고 있는 위엄 있는 분위기에서 벗어나 한가한 나무들과 쉴 수 있는 의자들이 나온다. 교태전을 향해 잠시 등을 돌리고 앉으면 담장을 장식한 그림들이 보인다. 자경전 담장의 여덟 개의 그림은 '자경전 꽃담'이라 불린다. 이것을 그림이라고 표현하는 이유는 마치 미술관에 온 듯한 착각마저 들기 때문이다. 담장의 벽에 장식된 여덟 가지 그림에는 봄, 여름, 가을 그리고 겨울을 대표하는 식물들이 두 개씩 그려져 있다. 봄의 매화와 복숭아, 여름의 작약과 석류, 초가을과 늦가을의 국화, 겨울의 소나무와 대나무. 그중 내가 가장 좋아하는 그림은 바로 매화이다.

　노인의 허리처럼 구부정한 매화나무에 새로 자란 가지들이 위를 향해 쭉쭉 뻗어 있다. 몸체 위로 반듯이 솟은 가지들은 노인 허리에 매달린 아이들 같다. 아직 꽃이 피기 전 이파리 없이 맺힌 봉오리들이 재잘대는 듯, 언제 필지 모를, 탁 트일 그 순간이 가져올 환희를 머금어 기분 좋은 긴장감을 만들어낸다. 매화 가지 끝에 달이 무심한 듯 걸려 있다. 그 안에 조용히 앉아 있는 작은 새는 자세히 보아야지 찾을 수 있다. 보름달과 매화가지, 그리고 작은 새가 겹쳐져 만들어내는 장면은, 언제 지나갈지 모르는 찰나의 순간이자 영원했으면 하는 순간을 담았다.

　광화문에서부터 올라가는 것도 방법이지만 이 글의 순서처럼 경복궁의 북문인 신무문에서부터 내려오는 방향도 새로운 경험이 될 것이다. 자경전 꽃담까지 보았다면 이제 근정전으로 향할 차례다. 경복궁의 중심 건축물이자 가장 웅장한 건축물인 근정전은 나라를 대표하는 행사장이다. 평상시에는 사용하지 않다가 왕의 즉위식이나 대왕대비 환갑잔치, 혹은 사신을 위한 연회를 베풀던 곳이다. 근정전의 웅장한 자태에 압도된 사람들에게 분위기를 전환하며 바닥 포장을 보게 한다. 이렇게까지 대규모로 얇게 켠 화강석으로 전면이 포설된 곳은 근정전과 종묘 정전의 월대뿐이다. 원래 창덕궁의 인정전도 같은 양식이었지만 어찌된 일인지 인위적인 격자 형태의 포장으로 잘못 복원되어 있다. 사실 근정전의 멋진 모습을 완성하는 것은 바닥 포장이다. 건축물만 단독으로 멋진 분위기를 내는 것은 서양 방식이다. 동양, 특히 우리나라의 건축물은 홀로 존재하는 것이 아니라 주변의 마당과 하나가 되어 존재한다. 그런 의미에서 지금의 방식으로는 구현하기 쉽지 않은 근정전 박석의 중요성은 아무리 말해도 부족하지 않다. 자유로운 형태의 돌들이 자유분방하게 얼기설기 배치된 모습이 근정전의 인위적인 처마선을 더욱 돋보이게 해준다.

근정전의 아름다움을 감상할 수 있는 핵심 위치는 남동쪽 모서리다. 근정전 동쪽 행랑 남쪽 끝에서 두세 번째 기둥 앞에 서면 멋진 파노라마를 볼 수 있다. 근정문 처마가 끝나는 곳에서 인왕산이 시작되며 이어지다가 산세는 사라지며 위용을 자랑하는 근정전의 아름다운 처마가 등장한다. 근정전의 오른쪽 처마가 끝나는 곳에서 북악산의 산세가 힘 있게 다시 차오르는 모습은 우연인지 필연이지 구분이 안 될 만큼 절묘하다. 산과 건축물이 조화를 이루는 아름다움은 근정전뿐 아니라 흥례문 앞에서도 볼 수 있다. 광화문과 흥례문 사이 그 어딘가에 멈춰 서면 가파르게 올랐다가 내려오는 북악산과 흥례문의 모습이 펼쳐진다. 마치 산과 하나가 된 듯한 흥례문과 근정전을 보면 전율이 느껴진다. 멀리 있는 자연과 인공의 건축물이 서로 조화를 이루는 아름다움은 철저히 의도된 결과물이다.

조선시대의 공간 배치에서 가장 중요한 것은 주변 자연과 건축물 간의 관계였다. 많은 건축물이 음양오행이라는 사상에 영향을 받았지만 법궁인 경복궁만큼 철저한 곳은 없었다. 음양오행의 핵심은 관계성이다. 전혀 다른 특성을 가진 개체들이 서로 관계를 맺어가며 조화를 이루는 모습에서 우주의 법도를 발견했다. 산과 건축물이라는 전혀 다른 특성을 가진 자연물과 인공물이 서로 관계를 맺고 하나의 아름다움을 완성하는 모습이 우리가 추구했던 미학이다.

경복궁엔 경회루 말고도 놓치지 말아야 할 장면들로 가득하다. 생각보다 큰 규모에 몇 걸음 걷다 지쳐 돌아나가지 말고 호기심 가득한 마음으로 경복궁을 둘러보자. 광화문에 들어서자마자 흥례문과 북악산이 만나는 위치에서 사진을 찍고, 근정전을 감상하며 박석으로 눈을 돌릴 줄 알며, 교태전 아미산 화계에 올라서면 보일 경치를 상상해보고, 자경전 꽃담에 숨은 새를 찾아 즐거워해보길 바란다. 마침내 용기를 가지고 뒤로 뒤로 들

○ 북악산의 산세와 맞아떨어지는 흥례문의 처마선

어가 잔잔한 물에 비친 향원정과 취향교의 모습을 카메라에 담
고 신무문으로 나오면 청와대가 반겨줄 것이다. 그렇게 경복궁
은 언제나 기대에 충분히 화답해주는 곳이다.

빛을 머금은 하얀 돌

영양 서석지

한국 정원을 공부하다 보면 매일 어떤 풍경을 보며 사는지가 정말 중요하다고 느낀다. 사랑채 누마루에 앉아 어떤 풍경을 보는지는 주인의 가치관과 삶을 보여준다. 하지만 나의 현실은 이랬다. 집 거실에서 볼 수 있는 유일한 풍경이란 맞은편 건물이고, 안방 침대에 누워야 건물들 사이 하늘을 겨우 볼 수 있었다. 원하는 경치를 보고 산다는 것은 사치였다. 그러다 지금의 집으로 이사하게 되었다. 합정과 여의도를 지나 저 멀리 관악산까지 한눈에 보이는 시원한 거실 뷰를 가진 집이다. 마포 끝자락 높은 경사지에 있고, 좋아하던 동네에서 조금 멀어졌지만 거실 창으로 보이는 뻥 뚫린 하늘은 여러가지 단점을 덮고 선택할 만큼 매력적이었다.

서석지瑞石池에 정원을 만든 정영방은 예천 사람이다. 그가 100킬로미터 정도 떨어진 영양에 정원을 만든 것은 진기한 암석 때문이었다. 내가 거실의 뻥 뚫린 경치에 사로잡혔듯 그는 영양의 자연 풍광과 기괴하고 거대한 바위에 사로잡혀 서석지를 만들었다. '서석'은 상서로운 돌이라는 뜻이다. 빛을 머금은 듯한 암석은 표면이 반짝인다. 정영방은 암석에 매료되었고 이 돌을 주인공으로 삼는 정원을 만들기로 결심한다. 돌을 물에 잠기게 하고 주변에 건물을 짓는 것이다. 못 안에 섬이 아닌 서석을 두고 감상하기로 구상하며 주변 지대를 높였다. 인위적으로 주변 지형을 높여 원래 땅 위에 있던 바위는 아래로 내려갔다. 위에서 내려다보는 암석의 표면은 자세히 보면 누군가 손으로 다듬은 듯 무늬를 이루고 있다. 자연적인 돌의 거친 질감이라고 하기에는 줄눈이 난 듯이 일정한 간격으로 떨어져 있어 인의적이다. 특히 가장자리가 부드러운 곡선 혹은 날카로운 직선으로 다듬어져 있어 손을 댄 흔적처럼 보였다. 장인이 쐐기 같은 연장을 들고 돌마다의 개성을 조금씩 살려서 다듬는 모습을 상상하게 만든다.

정영방은 가장자리를 다듬어 개별적인 돌로 보이게 만들

었으며, 각각 이름을 지어주었다. 어떤 돌은 형태를 따라, 어떤 돌은 기능에 맞춰 다양한 이름을 갖게 되었다. 넓적하면서 네모난 돌은 바둑 두는 돌이라는 이름의 '기평석棊枰石', 입수된 물이 튀어나온 벽면에 부딪혀 파장을 일으키는 곳에는 물결을 쳐다보는 돌이라는 '관란석觀瀾石'. 다양한 이름을 갖게 된 돌들이 하나의 군락 같다고 해서 '서석군'이라 했다. 그중에서 가장 내 마음에 드는 돌은 '상경석尙絅石'이었다. 물이 차 있을 때는 보이지 않다가 물이 빠졌을 때야 비로소 보이는 돌에 붙여진 상경석은 시경의 '의금상경衣錦尙絅'에서 가져온 말이라고 한다. "비단옷을 입을 수 있지만 오히려 겉에는 한 겹으로 된 홑옷을 입는다"는 뜻이다. 정영방은 《석문문집》에 추가 설명을 적어놨다. "돌조차도 아름다움을 가지고 나타내기를 꺼리는데, 어찌 사람이 실상에 힘쓰지 않고 명예만 얻으려 급급한가? 군자의 도는 은은하되 날로 드러나고, 소인의 도는 선명하되 날로 없어지는 것이다."

정영방은 10대 때 임진왜란을 겪으며 눈앞에서 가족들이 죽는 것을 보았다. 60대에 병자호란이 발발하자 세상에 미련을 버린듯 고향을 떠나 서석지를 만들었다. 두 개의 큰 전란이 관통한 삶의 힘겨움, 내향적인 성정이 만든 은둔자의 정원 서석지에는 건축물이 두 개가 있다. 제자들을 가르치는 공간이자 정원을 감상하기 좋은 '경정敬亭'과, 서재인 '주일재主一齋'는 "'경'이야말로

○ 서석지의 서석군

가장 중요한 하나"라는 뜻으로 연결되어 있다. 조선 성리학에서 가장 주요한 개념인 '경'은 '거경궁리居敬窮理'라는 말로 더 잘 이해할 수 있다. 마음을 경건하게 하여 이치를 추구한다는 자세는 당시 유학자들의 삶의 방식이었다. 사람이라면 누구나 이치를 구해야 하는데, 이는 오로지 경건하게 살 때에만 비로소 가능하다고 여겨졌다. 이처럼 '경'을 추구하는 것이 '이치'를 추구하는 것과 같은 뜻이었다. 건물의 이름을 미사여구 하나 없이 단순하게 지은 이유는 서석군의 여러 이름이 돋보일 수 있도록 배경의 역할로 비워 둔 것이기도 하고, 성리학에서 가장 중요하게 여겨지는 하나의 단어에 집중한 것이기도 하다.

정영방은 과거에 나간 적이 없을 뿐 훌륭한 학자였다. 그의 스승인 정경세는 인조반정 이후 정권을 잡아 함께할 사람들을 모으는 과정에서 정영방을 설득했다. 함께 중앙 정치로 나와 활동하기를 바라는 스승의 마음과 달리 자신의 부족함으로 누가 될 것을 걱정하며 사양했다. 마치 상경석처럼 실상에 힘쓰고 명예에 급급하지 않으려는 듯이.

서석지는 은둔처이면서 강학 공간이자 학문에 정진하는 수행처였다. 경정의 시선은 담장 안에서 끝나지 않고 앞의 절벽을 향했다. 1킬로미터 떨어진 기암절벽은 정자에 앉으면 시야에 담겼을 것이다. 그는 시원하고 기이한 절벽을 품은 정자를 지었다. 이런 그가 세상에 대한 미련이 전혀 없었을 거라 생각하진 않는다. 그는 서석군 중 하나에 '탁영濯纓'이라 이름 지었다. '물이 더러우면 발을 씻고, 깨끗하면 갓끈을 씻는다'는 말로, 끝없이 학문에 정진하다가 적절한 때가 온다면 관직에 나가고자 했던 마음을 뜻한다. 세상이 어지러우면 돌아가 쉬고, 세상이 바로잡혔을 때 비로소 나아가 정치를 한다는 의미이다. 아마 그의 시대에는 적절한 때가 없었던 것 같다. 이상을 실현할 기회는 없었지만, 그는 작은 정원에 큰 경관과 뜻을 품고 한 발자국 뒤로 물러나 세상을 지켜보았다.

삶의 지표가 되어줄 작은 수행처

경주 독락당

한국 정원을 공부한다는 것은 수많은 한자들을 익히는 일이기도 하다. 바위에 새겨진 글자와 현판에 새겨진 글씨, 건물의 이름들을 외워야 한다. 단순 암기는 오래가지 못하기 때문에 시간이 걸리더라도 이름의 뜻을 알려고 노력한다. 한자를 찾는 것만으로 쉽게 이해되는 이름도 있지만, 많은 경우 오래된 고사를 찾아봐야 한다거나 어려운 성리학을 얕게나마 공부해야 했다. 많은 경우 중국의 역사적 사실을 알지 못하면 이해할 수 없거나, 어떤 인물에 대해 모르면 안 되는 식이었다. 건물 이름 하나 외우기 위해 시작한 일이 수십 개의 논문과 책을 참고해야 겨우 가닥이 잡히곤 했다. 그렇게 한자의 뜻을 이해하는 과정은 어느새 삶에 대한 진지한 성찰로 이어졌다. 옛사람들이 붙인 이름에는 웃음 뒤에 겸손함을 불러일으키거나, 살면서 한 번도 떠올려본 적 없는 가치를 오래 곱씹게 하는 힘이 있었다.

경주의 '독락당獨樂堂'은 계류를 끼고 있는 민가다. 일반적으로 경치 좋은 계류가에는 정자를 만들곤 하는데 독락당엔 집과 정자가 함께 있다. 아주 빼어난 경치라고 할 수는 없지만, 크지 않은 계류 건너편에는 울창한 숲이 있다. 주변의 자연은 마치 독락당에 속해 있는 것 같다. '자계紫溪'라고도 불리는 계류에는 독락당의 주인 이언적의 글귀가 새겨져 있다. 마치 자신의 소유물인 것처럼 붙인 계류의 이름에는 그가 인생에서 중요하게 여기는 가치가 담겨 있다. 계류 건너편에 붙인 이름은 '영귀대詠歸臺'였다. 독락당뿐 아니라 한국 정원 곳곳에 등장하는 '영귀'는 조선의 선비들에게 크게 귀감이 되는 이야기였나 보다.

'영귀'는 공자 이야기이다. 공자의 제자들은 세상에 새로운 해답을 찾고자 그를 따랐다. 정의로운 나라를 꿈꾸는 이들에게 공자는 많은 깨우침을 주었다. 제자들은 평소 자신을 알아주지 않는 세상을 향한 울분을 많이도 토로했다. 어느 날 공자가 질문을 했다. 만약 너희가 꿈꾸는 리더가 나타나 필요한 지원을 아끼지 않을 테니 실현하고자 하는 바를 맘껏 펼쳐보라고 한다면 뭐라 답할 것인지. 평소에 뜨거운 꿈을 꾸고 있던 제자들은 서슴없이 대답했다. 군사를 강화해 강인한 나라를 만들겠다거나, 모든 백성이 풍요롭게 지내는 나라를 만들겠다는 등 가장 큰 포부를 쏟아냈다. 그때 공자는 거문고를 뜯으며 딴청 피우고 있는 제자 증점에게도 대답을 해보라고 했다. 그의 대답에서 영귀란 말이 탄생했다.

"저의 꿈은 소박합니다. 어느 저물어가는 늦봄, 깨끗한 봄옷 갈아입고, 좋아하는 친구 대여섯 명과 어린아이 예닐곱 명과 손잡고 물가에서 멱 감고, 정자에서 바람에 몸 말리고, 저녁에 시 한 수 읊으면서詠 집으로 돌아가는歸 것입니다."

나도 같은 생각이라는 공자의 동조와 함께 이야기가 끝이 난다. 친구 대여섯, 어린아이 예닐곱, 멱 감고 시를 읊는 일, 손잡고 돌아간다는 것이 무슨 뜻일까. 공자를 비롯한 제자들이 그토록 학문에 정진했던 것은 큰 이상을 이루기 위해서라고 생각했는데 지극히 개인적으로 느껴지는 꿈이 스승의 동의를 얻으니 어안이 벙벙했다. 모든 것을 이룰 수 있게 해준다는 귀한 기회를 그렇게 날려버린다는 것이 이해되지 않았다. 더구나 이상적인 세상을 만들고자 긴 시간 떠돌아다닌 공자 아닌가.

독락당은 당황스러운 집이다. 손님을 꺼리고 있음이 집 구조로 느껴진다. 보통의 민가는 대문을 열면 사랑채의 누마루가 손님을 맞이하기 위해서 등장하고, 때문에 어떤 건물보다 돋보이도록 짓는다. 이와 반대로 독락당은 사랑채가 안채보다 더 꽁꽁 숨어 있다. 독락당의 사랑채는 대문 외에도 두 개의 문을 더 통과해야지만 도달할 수 있다. 사랑채로 들어가는 마지막 문은 아예 눈에 띄지 않도록 숨겼다. 행랑문을 열었을 때 사랑채로 들어가는 문이 바로 보이지 않도록 일부러 벽을 'ㄱ'자형으로 꺾어 시야에 들어오는 것을 어렵게 만들었다.

'독락당'을 홀로 즐거운 집이라 해석하기 쉽지만, 그가 가장 피하고 싶었던 것이 홀로 즐거운 것이었다. "홀로 즐거움을 즐기는 것보다 남과 함께 즐거움을 즐기는 것이 낫고, 적은 사람들과 즐거움을 즐기는 것보다 많은 사람들과 즐거움을 즐기는 것이 낫다"는 맹자의 말에서 홀로 '독', 즐길 '락'을 딴 것이다. 독락당에서의 이언적은 귀향을 당한 처지로 자신을 비롯한 중앙 관리들의 혼란스러운 정치로 피해 입는 백성들을 걱정했다. 주요 직책을 맡았음에도 어려움에 처한 백성들을 구할 능력이 되지 않는 자신을 한탄하였다. 그는 많은 사람들과 함께 즐거울 수 없고, 홀로 배고프지 않는 것을 자책하는 뜻에서 독락당이라 이름 지었다. 그가 이 집에 꽁꽁 숨은 듯 있었던 것은 어지러운 세상에서 자신이 마땅히 해야 할 일을 제대로 하지 못함을 부끄러워했기 때문이지 않을까. 그는 집 앞에 흐르는 물길도 편하게 보지 못했다. 사랑채 측면의 문을 열면 나오는 담장의 작은 창을 통해 겨우 바라볼 뿐이었다. 즐거움과 거리가 먼, 스스로를 가둬둔 듯한 구조이다. 사랑채의 마당 한구석에는 정원이라기에는 너무도 초라한 약쑥밭을 만들었다. 손님을 초대하기에 적당한 사랑채는 확실히 아니다. 퇴계 이황이 스승이라 여기며 동방의 현자로 불릴 정도로 훌륭한 학자였지만 그의 공간은 작은 수행처처럼 세상과 단절된 듯했다.

독락당 앞 개울가 암반에 걸터앉아 맞은편의 영귀대를 바라보며 공자 이야기를 곱씹었다. 증점의 대답과 공자의 동의는 과연 어떤 의미였을까?

○ 독락당 사랑채 앞 담장의 살창

좋아하는 친구 대여섯 명은 함께할 동지를 뜻한다. 어떤 일이든 혼자 잘나서 해낼 수 없으며 세상을 향해 품은 뜻이 있다면 함께할 이들이 필요하다는 뜻이다. 어린아이 예닐곱 명은 뒤 세대를 뜻한다. 마음 같아서는 나의 때에 모든 것을 이루고 싶겠지만, 욕심이다. 세상을 이롭게 하는 것이 목적이라면 꼭 내가 아니어도 된다. 운이 따르지 못해 나의 때에 모든 것을 이루지 못한다면 이어나갈 뒤 세대를 길러 미래를 기약할 일이다. 설령 운이 따라 나의 때에 이룬다 하더라도 뒤에 올 세대가 계속 이어나가지 못한다면 의미가 없다. 물에서 멱을 감는다는 것은 부패하지 않겠다는 다짐이며, 함께 시 한 수 읊는다는 것은 같은 이상향을 품는다는 뜻일 거라 해석했다.

동시에 내가 공자의 제자가 되어 같은 질문을 받는 상상도 해본다. "언젠가 세상이 알아주는 그날이 왔을 때 꿈을 펼칠 수 있는 준비된 삶을 살고 있는가?"라는 물음에 선뜻 대답할 수 없지만, 그렇기에 이 질문은 삶의 지표가 되어준다.

걷고 있는 길에 의심이 들 때, 열심히 살아온 나에게 세상이 냉담할 때, 독락당을 생각한다. 이언적이 화려한 중앙 정치에서 물러나 백성들을 위해 아무것도 하지 못할 때 영귀대를 보며 스스로를 믿고 위로를 얻었던 것처럼, 지금의 내가 초라하게 느껴지더라도 삶의 지표가 될 만한 질문을 마음에 새기고 흔들림 없이 걸어보려 한다. 그렇게 걷다 보면 분명 어느 저물어가는 늦

봄, 깨끗한 봄옷을 입고 사랑하는 사람들과 흥겨운 노래를 부르며 집으로 돌아가게 될 것이다.

2 장

정원에

남겨진

마음들

나라를 부강하게 만들려는

정조의 작전

창덕궁 부용지

창덕궁 후원에서 가장 먼저 만나는 정원은 '부용지芙蓉池'이
다. 여러 왕들의 뱃놀이 터였던 이곳을 지금의 모습으로 완성시
킨 것은 정조였다. 조선의 역대 왕 가운데 정원을 가장 정치적으
로 효과적이게 활용했던 왕이다. 부용지는 왕으로 즉위하기 전
부터 준비했었고, 왕위에 오르자마자 실행했으며, 그의 죽음과
함께 역할을 잃었다.

정조는 왕이 되기 이전부터 수많은 위협을 겪었다. 정치적
인 방해와 실제로 그를 해치려는 여러 시도들 속에서 정조는 더
욱 강한 왕이 되기 위해 끝없이 노력했다. 세손 시절, 중국에서

들여온 책들이 너무 많아 개인 도서관인 열고관閱古館과 개우와皆有窩를 지을 정도로 독서광이었던 정조는 한 번씩 지칠 때면 도서관 밖으로 나와 아래의 못을 보며 왕이 된 자신의 모습을 상상해보았을 것이다. 부강한 나라를 만들기 위해 신뢰할 수 있는 신하들을 얻고, 그들을 외척의 위협으로부터 지키면서 함께 훌륭한 정책을 만들 수 있는 방법을 끝없이 고민했을 그는 그리 멀지 않은 곳에서 해법을 찾았다.

1776년, 왕이 된 정조가 가장 먼저 선포한 것은 왕실 도서관 규장각 건립이었다. 세손 시절에도 도서관을 지었고, 왕이 도서관을 짓겠다는 것에 반대할 명분이 없었으므로 일은 탈없이 진행됐다. 완성된 도서관은 단순한 건축물이 아니었다. 2층짜리 건물을 짓고 이름을 '주합루宙合樓'라고 지은 뒤 1층을 방으로 만든 후 '규장각奎章閣'이라 불렀다. 도서관을 짓겠다며 시작했는데 완성된 것은 도서관을 곁들인 정원이었다. 주합루에 오르건 아래 연못의 섬과 정자를 감상할 수 있었다. 규장각 일대의 정원이 완성되자 정조는 오래전부터 준비했던 계획을 시행한다. 바로 '초계문신제도'의 거행이다. 초계문신제도는 37세 이하의 젊고 유능한 문신들을 규장각에서 교육받게 하는 제도였다. 제도의 실상은 아직 때 묻지 않은 젊은 학자들을 모아 노론을 대적할 만한 정조의 세력으로 만들기 위해서였다.

어떤 정원을 방문하든 만든 이의 의도를 온전히 느끼려고 노력한다. 가장 중요한 것은 본래 이곳을 향유한 사람들의 주요 시점을 직접 경험하는 것이다. 부용지의 주요 시점은 바로 주합루에서 정원을 내려다보는 것이다. 후원에 방문할 때면 항상 저곳에 올라 정원을 내려다보는 경험을 하고 싶었다. 어느 날, 간절한 소원을 이룰 수 있는 기회가 찾아왔다. 한국전통조경학회의 행사로 주합루에 올라갈 기회를 얻은 것이다. 떨리는 마음으로 계단 난간을 붙잡았다. 내가 초계문신 중 한 명이라는 생각으로 주합루에 올랐다. 밑에서 수없이 상상해본 경관이었지만 5단의 화계와 건물의 높이가 주는 위압감은 생각보다 컸다. 높은 곳에 오른 것이 실감 났다. 이 나라에서의 내 위치를 알려주는 것 같았다. 왕에게 인정받는 신하만이 누릴 수 있는 혜택이었다. 하지만 들뜬 마음이 드는 것은 잠시였고 오히려 차분해지면서 이런 경관을 볼 수 있는 자라면 마땅히 해내야 할 본분이 떠올랐다. 나라를 위한 사명감으로 마음이 뜨거워졌다. 마치 내가 딛고 서 있는 이 건물처럼 힘 있는 왕이 든든히 지원해줄 것만 같았다. 정조의 정원은 본분을 일깨워주면서 동시에 왕의 힘을 느끼게 해주는 곳이었다.

부용지가 왕의 위엄을 풍기는 이유는 주합루가 높은 지형에 있고 압도적인 규모의 건물인 것도 있지만 무엇보다 일직선

∘ 부용지의 주합루와 어수문

의 강한 축선이 만들어내는 힘 때문이다. 주합루에서 어수문, 섬에 있는 소나무와 부용정까지 이어지는 강한 축은, 지금은 없어진 세손 시절의 도서관인 열고관과 개유와까지 이어졌었다. 높은 지형, 건물의 크기, 그리고 강한 남북 중심축이 어우러져 왕의 권력을 완성하는 공간이었다. 마치 세손 시절 맞은편 빈 지형을 보며 왕이 된 자신의 모습을 그려봤을 때처럼, 이제 왕이 된 정조는 맞은편 열고관과 개유와를 보며 초심을 잃지 않으려 애썼을 것이다.

정원이 완공된 지 20년이 되던 해, 정조는 49세의 나이로 죽었다. 20년 동안 일궈놓은 성과들은 하나씩 해체됐다. 정조가 지키고자 했던 초계문신들도 처단되기 시작했다. 그렇게 주합루와 부용지 일대는 주인을 잃게 되었다. 하지만 그의 정신은 살아남아 한양에서 먼 강진에서 꽃을 피웠다. 정조가 누구보다 지키고 싶어 했던 한 사람, 정약용에 의해서였다.

땅끝의 유배지에서
자신을 잊지 않으려

강진 다산초당

왕의 권력을 보여주는 부용지이지만 정원은 향유의 공간이기도 했다. 누구보다 정조가 아꼈던 정약용이 남긴 글을 통해 왕과 신하가 어떻게 어울렸는지 엿볼 수 있다. 왕과 초계문신들이 배를 타고 놀다 보면 시 짓기 대회가 열리곤 했다. 운을 띄우면 즉석에서 시를 완성하는 것에 실패한 이는 가운데 섬으로 유배 보내져 놀림거리가 되었다. 잉어가 살고 있는 부용지에서의 또 다른 놀이로는 낚시 대회가 있었다. 정약용은 낚시 대회만 하면 실력이 좋지 않아 유배를 당했던 곤욕스러운 마음을 기록하기도 했다.

정조가 죽은 바로 이듬해인 1801년 정약용은 유배길에 올랐다. 유배 초반에는 어느 한 곳에 자리 잡지도 못하고 주막 한쪽 구석과 사찰을 전전했다. 그러다 정착한 곳이 백련사 아래 어두컴컴한 산 중턱이었다. 그는 이곳에 초당을 지었다. 왕의 신뢰를 얻고 중앙 정계에서 꿈을 펼치다가 모든 것을 한순간에 잃은 그는 땅끝에 있는 산 중턱 작은 초가집에서 생활을 시작하였다. 지켜주던 왕도 없는 마당에 목숨을 부지한 것에 감사하며 조용히 살아갈 법도 한데 그는 여기서 책 집필에 몰두했다. 그 유명한 《경세유표》, 《흠흠신서》, 그리고 《목민심서》를 비롯한 500여 권의 책을 써내려갔다. 자신의 인생은 유배지에서 이렇게 끝나겠지만 언젠가 누구라도 이 책들을 읽고 자신이 꿈꾸던 세상을 만들 수도 있으리라는 생각으로 긴 시간을 버텼다.

다산초당에 가는 길은 생각보다 가파르고 험난하다. 아무리 유배 신세라고 해도 정약용이 이런 곳에서 지냈다니 믿기 힘들 것이다. 햇빛 하나 들지 않는 좁고 어두운 곳에 건물 하나와 작은 지당이 있을 뿐이다. 생각해보면 지금이나 모두의 존경을 받는 유학자지만 당시에는 권력자들의 눈엣가시 같던 존재였으니 좋은 곳에서 유배 생활을 했을 리 만무하다.

정약용의 명성을 기대하며 머나먼 강진까지 왔는데 막상 도착한 곳이 초라해 보여 허탈함을 느낄 수도 있다. 하지만 다산초당은 유배지임을 잊으면 안 된다.

사실 유배지에 정원을 만드다는 것은 파격적인 일이다. 유배지가 지금까지 남아 문화유산으로 지정된 곳은 추사 김정희의 제주도 유배지와 이곳뿐이다. 그럴싸한 정원을 기대했다면 조선시대의 유배 생활을 얕잡아 보는 것이다. 남의 집에 얹혀 살던 생활을 청산하고 겨우 자리 잡은 산 중턱의 음지에 지당을 만든 것이 오히려 놀랍다. 유배지에 어울리지 않는, 품이 많이 드는 지당 조성은 하나의 출판사로 운영되던 이곳에 그와 함께 생활하던 제자들을 위해서라도 필수적이었다. 초당 옆의 샘물만으로 여러 사람이 생활을 영위하기엔 산에서의 삶은 녹록지 않았기 때문이다.

지당에 사는 잉어에 대한 정약용의 애정은 남달랐다. 먼길을 떠날 때면 잉어의 안부를 항상 물었고, 헤엄치는 모습만 보고도 날씨를 점칠 정도였다고 한다. 그렇게 지당 옆에 서서 마당을 가만히 바라보고 있었는데 문득 하루 종일 글을 쓰느라 지친 정약용이 나와 허리를 두드렸다. 잠시 쉬고 싶은 그가 지당으로 다가와 잉어를 들여다보는 모습이 그려졌다. 잉어를 보며 부용지 낚시 대회에서 번번이 유배당하곤 했던 추억을 회상하며 왕과 함께했었던 찬란한 시간과 치열한 대화들도 자연스레 떠올렸을 것이다. 잊고 있던 주제와 대화가 떠올라 서둘러 방에 들어가 집필 활동에 몰두했을 정약용을 상상하며, 지당은 지난한 유배 생활의 위로이자 초심을 잊지 않게 해주는 추억이었으리라 짐작해본다.

초당 옆으로 난 길 위에는 '정석丁石'이라고 새겨진 바위가 있다. 정약용의 '정'과 돌 '석'은 정약용이 쓴 글씨다. 군더더기 없는 그의 성품이 느껴진다. 눈에 띄는 것은 석에서 밑으로 조금 긴 획이었다. 담담한 표정의 그가 어떤 시련이 와도 변하지 않으리라 결심하는 듯하다. 세상이 아무리 그를 뒤흔들더라도 결코 포기하지 않고 자신을 잃지 않을 것을 다짐하는 마음이 새겨져 있는 것 같다. 글자의 견고함에서 그만큼 그가 견뎌냈어야 했을 고통과 괴로움도 느껴졌다.

◦ 다산초당 정석

그는 결국 무너지지 않고 살아남았다. 기약 없던 유배 생활에서 18년 만에 풀려나 남양주 여유당에 있는 가족의 품으로 돌아갔다. 이후 다시 18년의 시간이 지난 1836년 75세의 나이로 잠들었다. 많은 것을 가졌다가 잃어버린 고통스러운 삶이었지만 끝내 무엇도 그를 무너뜨리진 못했다. 감내했던 것과 세상에 베푼 것들에 비해 누린 것이 상응하지 못했던 그의 인생은 오랜 시간이 걸려 역사 속에서 보상받았다. 오래 걸리더라도 시간이 지나면 자리를 바로잡는 것 역시 인생이다. 시대의 지성인, 그리고 리더로서 많은 이들에게 아직도 존경을 받고 있다. 그렇게 그가 위로를 받았으면 좋겠다. 정원에서 못다 받은 위로를. 초라하지만 강인한 정신이 살아 숨 쉬는 다산초당을 보며 생각한다.

무심히 피어오르는

구름들 사이로

구례 운조루

　누가 어떤 공간을 만드는지 보는 일이 즐겁다. 요즘 자신의 브랜드를 알리기 위한 방법으로 대표가 살고 있는 집을 공개하기도 한다. 영상에 등장하는 다양한 집 구조와 가구 배치 속에서 의외로 풍수지리의 영향이 녹아 있는 경우를 많이 볼 수 있다. 통일신라시대부터 시작된 우리나라의 풍수 문화는 고려 때 전성기를 이뤘다. 조선시대를 지나 현대에 이르기까지 구시대 산물로 여겨질 법한 풍수지리의 영향력은 아직도 유효하다.

　풍수지리를 유교의 산물로 오해하기도 하는데, 오히려 조선의 유학자들은 풍수지리를 미신이라며 멀리했다. 조선의 양반들은 우리가 생각하는 것보다 합리적이고 이성적인 생각을 선호하였다. 이러한 유학자들의 삶은 조선 중기 이후로 많은 사화들을 겪으며 불안정해졌다. 일가친척이 모두 몰살당하거나 가지고 있는 재산을 하루아침에 잃게 되는 일들이 일어나는 것을 목격했다. 언제 사건에 휘말려 같은 일을 겪게 될지 모른다는 생각을 하는 양반들이 많아지면서, 계급 없이도 먹고살 수 있는 준비에 관심을 갖는 이들이 생겨났다. 때마침 이러한 갈증을 해결해주는 책이 등장했으니, 바로 이중환의 《택리지》였다.

풍수지리 책으로 알려진 것과 달리 《택리지》는 오히려 실리적인 책이었다. 지금으로 치면 구독자 100만 명을 보유한 부동산 투자 기술을 알려주는 유튜브 채널에 가깝다. 산수, 지리, 생리, 인심이라는 네 가지 주제로 전국 팔도를 설명하는 택리지의 핵심은 먹고사는 문제를 다룬 '생리生利'였다. 주변 자연, 풍수지리와 함께 먹고살 거리, 그러니까 모든 것을 잃은 양반이라도 잘 살 수 있는 곳을 알려주는 책이었다. 얼마나 많은 양반들이 택리지를 읽고 실행에 옮겼는지는 알 수 없지만 구례 운조루를 지은 유이주는 용기 있는 선택을 했다. 20대 후반에 무과에 급제하고 40대 중반 낙안 군수를 역임하면서 전라도로 오게 된 그는 택리지에서 소개하고 있는 전라도 최고의 명당 구만촌, 지금의 구례에 직접 가볼 결심을 했다. 구례에 도착한 그는 택리지에서 설명된 것처럼 뛰어난 경치와 비옥한 토지, 강가에 바짝 접해 소금과 생선으로 이익을 낼 수 있는 뱃길까지 있는 것을 직접 확인하고 전라도에서 가장 살기 좋은 명촌으로 이사를 결심했다. 안동 사람이었던 그가 모든 가족을 데리고 구례로 대이동을 실행하기까지는 5년이 걸렸다. 그렇게 그는 남은 삶을 이곳에서 평화롭게 지내기를 바랐다.

그에게 택리지는 지대한 영향을 주었다. 산수, 지리, 생리, 인심 중 세 가지를 충족하는 운조루에 유이주는 마지막 '인심'까지 충족시키고자 했다. 운조루雲鳥樓는 구름과 새의 집이라고 불리기도 한다. 구름 '운'과 새 '조'는 시에서 따온 단어다. "무심히 피어오르는 구름들 사이로 날다 지친 새가 둥지로 돌아온다"라는 중국 시인 도연명이 지은 〈귀거래사〉의 한 구절이다. 한 치 앞이 보이지 않아 무엇에 부딪힐지 몰라 두려워하는 새가 쉴 새 없이 날갯짓하는 모습을 그리게 한다. 그런 새와 같이 고단한 삶을 사는 이들이 잠시나마 기댈 수 있는 집을 짓고자 했다.

운조루 대문을 열면 가장 먼저 보이는 것은 경사진 기단과 부엌으로 향하는 문이다. 어둡지만 뒤편으로 햇빛이 들어오는 부엌의 초입에는 커다란 쌀독이 있는데 여기에는 '타인능해他人能解'라는 팻말이 적혀 있다. 누구든지 필요한 사람은 가져가라는 뜻이다. 일반적으로 대문이나 중문을 열고 본격적인 집의 마당으로 들어서면 가장 눈에 띄는 것은 사랑채 누마루다. 단독으로 튀어나와 위용을 과시하건, 점잖은 방식으로 존재감을 드러내건, 방식만 다를 뿐 모든 민가는 사랑채 누마루를 전면에 내세운다. 하지만 운조루의 사랑채 누마루는 대문에서 가장 먼 곳에 위치하면서 최대한 눈에 띄지 않으려고 애쓴 흔적이 역력하다. 의도적으로 누마루의 존재감을 없애기 위해 시야에서 멀리 배치했을 뿐 아니라 다른 누마루에 흔히 있는 장식된 창호도, 현판도 없다.

운조루를 그려놓은 '전라구례오미동가도全羅求禮五美洞家圖'를 보면 누마루에 앉아 있는 주인을 찾을 수 있다. 주인의 시선은 서쪽 담장가 한구석을 바라보고 있다. 존재감을 최소한으로 한 누마루에서 서쪽 담장 구석의 정원을 바라보며 앉아 있는 주

◦ 운조루 대문에서 쌀독까지의 동선

인은 쌀을 가지러 남의 집으로 들어오는 이들의 마음을 헤아리는 것 같다. 누가 들어오고 나가는지 지켜보는 다른 누마루와 달리 운조루의 누마루는 주저하지 말고 편히 들어와도 된다는 듯 시선을 다른 곳으로 두고 있다. 주인의 시선이 향하는 곳은 주변 정원이다. 그림에 등장하는 마당 앞의 석류와 괴석, 위성류와 매화가 아직도 전부 남아 있는 것은 아니지만 여전히 정원은 그 자리에 있다. 구부정하게 굽고 잎들이 힘없이 아래로 처진 나무는 중국에서 온 위성류였다. 사랑 마당 정원에 그림에 표현된 것처럼 서 있는 위성류를 구경하는데 두 마리의 새가 지저귀며 장난을 쳤다. 마치 날다 지친 새들이 정말 쉬었다 가는 집인 것처럼.

운조루의 쌀독은 택리지에서 말하는 살기 좋은 곳의 모든 조건을 갖추기 위해서이지 않았을까. 이중환은 산수, 지리, 생리, 인심이라는 네 가지 조건을 갖춘 곳을 '길지吉地'라고 했다. 산수는 경치가 좋은 곳을 말하고, 지리는 풍수지리가 좋은 곳이며, 먹고살기 좋은 곳을 생리라 하였다. 세 가지 조건은 땅이 본래 가진 힘이겠지만 마지막 인심은 사는 사람의 노력에 달린 일이었다.

타지에 자리를 잡으려면 이웃들과 좋은 관계를 맺어야 하기 때문이라거나, 본래 삶에서 추구하던 바였다거나, 혹은 택리지에서 말하는 조건을 모두 갖춘 완벽한 집을 건설해보고자 하는 꿈에서였거나, 운조루는 타인에 대한 배려를 아끼지 않은 집이자 최고의 길지였다. 운조루라는 이름이 가진 의미가 헛되지 않았음을 느낄 수 있다.

날다 지쳐 돌아온 새가 둥지에서만큼은 다시 나아갈 힘을 얻길 바라듯, 삶에서 지친 누군가에게 위로가 되기를 바랐던 집, 운조루이다.

◦ 운조루 사랑채의 누마루

조용히 생각에 잠겨

담양 명옥헌

    이 작고 단순한 정원을 방문할 때면, 이상하게 마음이 설렌다. 작고 단순한 만큼 계절과 날씨, 시간에 영향을 받아 완전히 새로운 모습을 보여주는 곳이 바로 명옥헌이다. 처음엔 비 오는 가을에 왔었고, 그다음엔 햇살 좋은 봄에 왔었다. 드디어 백일홍이 만발한 여름에 오게 되었다. 한국수목원정원관리원에서 주최하는 가을에 열릴 남도 투어를 맡게 되어 공연팀과 사전 답사차 온 것이다. 아무리 아름답고 유명하더라도 이 더위에 백일홍 핀 모습을 보게 된 건 처음이었다. 날씨가 힘들면 아무리 아름다운 것도 좋게 보이질 않는다. 그래서 지금껏 백일홍 핀 여름의 명옥헌을 볼 생각을 못 했다.

정원에 들어가기 직전 자연이 만들어놓은 터널에서 덥쳤다. 주차장에서부터 은근히 오르막길인 좁은 골목을 걸었다. 이 터널을 지나면 명옥헌이 등장한다. 뒤편의 정자와 앞의 지당, 그 주변을 배롱나무들이 둘러싸고 있다. 울창한 정원을 보기 전에 잠시 멈추고 공간을 맞이할 마음의 준비를 시킨다. 명혹헌에서 음악회를 열 예정이라 무대로 쓸 만한 공간이 있을지, 음향 장비를 설치할 수 있는 조건이 되는지 확인하러 온 것이라 정원의 의미를 설명할 필요는 없지만 갑자기 직업병이 도졌다. 한 명이라도 더 명옥헌의 매력을 느꼈으면 하는 마음은 어쩔 수 없다.

"와아" 나를 포함한 모두의 탄성이 터져 나왔다. 처음 보는 백일홍이 만발한 정원은 오묘한 분위기를 자아냈다. 사실 백일홍이 아니더라도 명옥헌은 아름답다. 백일홍으로 정원의 진정한 가치가 가려지는 것 같아 명옥헌을 설명할 때면 꽃 이야기를 애써 피했었다. 하지만 백일홍이 만발한 정원은 더운 날씨가 주는 불쾌감을 날려버릴 정도로 황홀했다. 각자 자유롭게 정원을 느끼다가 뒤편에 있는 정자, 명옥헌에서 만나기로 했다.

우리나라 정원의 이름은 종종 핵심 건축물의 이름으로 대체되기도 한다. 사랑채의 이름이 집 전체를, 정자의 이름이 정원을 칭하기도 한다. 경관을 감상하는 핵심 건축물이 하나인 경우에 정자의 이름이 전체 정원을 칭한다고 할 수 있다. 대표적인 예가 명옥헌이고 그 밖에 봉화 청암정, 예천 초간정, 화순 임대정 등이 있다. 우리나라의 정자는 건축물 자체의 의미를 넘어서 정자에서 볼 수 있는 경관 전체를 포괄함을 이름의 사용으로부터 알 수 있다. 때때로 전통 정원을 구현한다면서 주변 경관은 무시한 채 건축물만 그대로 가져오는 경우가 있는데 결과적으로 완성된 풍경이 굉장히 어색하다. 우리나라 옛 정자 중에서 건축물 자체만으로 의미를 갖는 경우는 없다고 감히 말할 수 있다.

각자 어떤 길을 선택하며 걸었든 종착지는 명옥헌이다. 일행들이 하나둘 정자로 모여들어 지나온 길을 바라보며 이야기를 나누다 누가 먼저랄 것 없이 조용해졌다. 어느새 찾아오는 정적이 어색하지 않고 각자의 생각에 잠기게 했다. 명옥헌에서 어느 순간 상념에 빠지는 것은 우연이 아니다. 적당한 높이에 놓인 건축물의 위치와 점점 좁아지는 지당의 형태, 나지막한 키의 배롱나무, 건물 뒤와 왼쪽으로만 배치한 큰 나무 등이 모두 '상념'이라는 정원의 연출 의도 속에서 만들어진 것이다.

명옥헌의 시작 부분부터 건물에 앉아 상념에 빠져들 때까지의 전 과정을 살펴보면, 얼마나 세심하게 동선을 연출했는지 알 수 있다. 한 가지 종류의 나무가 만드는 길은 공간을 단순하게 한다. 메타세쿼이아 길을 걸을 때 어떤 느낌이 드는가. 단순한 공간을 걸으면 스스로에게 집중하게 된다. 위로 높이 뻗은 나무들에서 해방감과 생각의 확장을 경험한다. 반면 아담한 크기의 배롱나무 길은 차분해지면서 생각에 잠기는 효과를 가져온다. 마치 천장이 높은 성당에서의 경험과 일본 다실의 낮은 공간이 주는 차이와 유사하다. 배롱나무의 낮은 수고는 빛을 조절한다. 이파리 사이로 새어드는 빛들로만 채워진 숲길은 잔잔함을 더해준다. 터널이 끝나듯 배롱나무 숲길의 어두움에서 벗어나면 밝은 빛과 함께 언덕 위 정자가 보인다.

그렇게 명옥헌에 입장하게 된다. 정자 뒤로 돌아가 신발을 벗고 디딤돌에 오른다. 방으로 들어가면 배롱나무 숲길보다 더한 어둠을 맞이한다. 낮은 문 때문에 고개를 숙였다가 들어보면 방문이 하나의 화면이 되어 지금까지 걸어온 길을 생생히 담는다. 사람은 생각에 잠길 때면 자연스레 눈을 아래로 뜨게 되는데, 반대로 눈을 아래로 뜨는 것이 생각에 빠지게 만들기도 한다. 명옥헌 난간에 기대앉아 아래의 정원을 바라본다. 생각에 빠진 사람들에게 졸졸 흐르는 물소리가 들린다. 명옥헌鳴玉軒은 계류의 물소리가 마치 옥구슬이 굴러가는 소리처럼 맑다는 뜻을 가졌다. 생각에 잠기기를 좋아하는 나도 한참을 조용히 앉아 있었다.

높은 지형에 건물을 짓고 그 아래에 지당을 조성한 경우는 많다. 보통은 권력을 내세우기 위한 방법으로 높은 곳에 건축을 하거나, 높게 짓는다. 명옥헌은 언덕 위에 있지만 권력이 느껴지

◦ 명옥헌 배롱나무

지 않는다. 언덕의 높은 정도와 기울기의 절묘함이 권력이 아닌 상념을 경험하는 정원이 되게 하였다.

몇 달 뒤 가을에 열린 음악회는 해 질 무렵 시작해 밤이 되어 끝이 났다. 해가 저물며 연출되는 아름다운 하늘의 색과 그 공기를 머금은 정원의 모습을 모두가 천천히 감상했다. 공연이 끝나고 미리 나눠준 엽서에 글을 쓰는 시간을 가졌다. 옛사람들은 정원에 초대를 받으면 시로 화답해주는 문화가 있었다. 정자에 걸린 수많은 시들은 그렇게 남겨진 것이다. 아직도 명옥헌엔 시를 닮은 저마다의 이야기가 남겨지고 있다.

가로지르는 물과

작은 돌무더기가 들려주는 이야기

대전 남간정사와 논산 명재고택

　　대전과 논산에는 크게 소리치는 듯한 정원과 작지만 큰 울림을 주는 정원이 있다. 송시열의 '남간정사南澗精舍'와 윤증의 '명재고택明齋古宅'이다. 누구도 건드릴 수 없는 카리스마로 정계를 이끌어간 송시열과, 벼슬에 한 번도 나오지 않고 논산에서 은둔하다시피 살았던 윤증의 정원은 대조적이다. 어디서도 볼 수 없는 독특한 설계 방식으로 정원을 만든 송시열과 아무것도 없다시피 대부분의 공간을 비워둔 윤증. 이 둘은 스승과 제자이자 서로를 견제하는 적이었다. 비슷한 시기, 가까운 지역임에도 두 사람의 정원은 삶의 방식만큼이나 너무도 달랐다.

남간정사에는 건물 중앙을 관통하는 물길이 있다. 만약 지금도 물이 흘렀다면 마치 건물이 물을 내뱉는 모습 같았을 것이다. 어디에서도 보기 어려운 과감한 디자인이다. 남간정사는 우암 송시열이 마지막 7년을 보낸 곳이다. 세상을 주름잡던 75세 노인이 말년에 조성한 정원에는 그가 평생 추구한 인생의 철학이 담겨 있다. 건물 아래로 뚫린 물길에는 어떤 의미가 있을까. 송시열은 이곳을 짓기 30여 년 전, 대전 소제동에 '기국정杞菊亭'을 만들었다. 둑을 쌓아 생긴 연못가에 지은 정자인 기국정은 일제강점기 때 대전역을 지으면서 남간정사 앞으로 옮겨졌다. 경황없던 일제강점기에 그냥 사라지지 않고 이곳으로라도 옮겨온 것은 다행이지만, 남간정사 앞의 경관 상당 부분을 가려버렸다. 본래 넓은 호수 경관을 누리던 기국정은 작은 못에 기대어 비율이 맞지 않고, 남간정사 역시 탁 트여야 할 시야가 절반이나 가려진 데다가, 못의 일부를 메우기까지 했다. 혼자였다면 충분했을 곳에 두 살림이 합쳐져 보통 복잡해진 것이 아니다.

아쉬움을 뒤로하고 건물 아래를 관통하는 물길에 집중해 보았다. 의사 표시가 분명한 송시열이 전달하고자 했던 메시지는 무엇이었을까? 남간정사처럼 건물 아래로 물이 관통하는 장소가 두 군데 더 있는데 모두 송시열과 관계가 깊다. 대전 동구의 '옥류각玉溜閣'은 송시열의 사촌 송준길이 죽고 난 후 제자들이 건립한 것으로 건물 아래 계류가 관통한다. 또 하나는 송시열의

。남간정사

외손자 권이진의 별업인 '유회당有懷堂'으로 작은 정자 아래 가느다란 물길을 만들어 지나가게 하였다. 송시열과 가까운 사람들이 남간정사와 비슷한 구조를 만든 것은 건물 아래로 흐르는 물에 분명한 의미가 있다는 뜻일 것이다. 하지만 그 어디에도 물길의 의미를 밝혀낸 연구는 없었다. 남간정사 사진을 붙들고 한참을 들여다보다 기둥에 적힌 글귀가 눈에 들어왔다. 기둥이나 벽면에 세로로 써붙이는 문구인 주련柱聯을 해석해보았다. 〈운곡남간雲谷南澗〉이라는 주자의 시가 적혀 있었다.

> 위석하쟁영危石下崢嶸 위태로운 돌이 가파르고 험한 모습으로 아래를 향하고
> 고림상창취高林上蒼翠 높은 숲 푸르게 우거지며 위를 향한다.
> 중유횡비천中有橫飛泉 그 가운데를 가로지르며 흐르는 물로
> 붕분잡기려崩奔雜綺麗 모든 것이 무너지듯 뒤섞이는 모습이 너무나도 아름답다.

"가운데를 가로지르며 흐르는 물"이라는 글귀를 보고 비밀을 풀 열쇠가 주련에 있다는 확신이 들었다. '운곡남간'은 남간정사라는 이름을 짓는 데 영향을 주었을 정도로 전체 공간의 주제를 담고 있다. 시에 등장하는 돌과 나무들은 서로 조화를 이루지 못하고 각자 다른 곳을 바라보고 있다가 그 사이로 물이 흐르

자 비로소 뒤섞이며 아름다워진다는 내용이다. 주자는 성리학을 집대성하였고 송시열은 이를 이어받아 '송자朱子'라는 존칭으로 불렸다. 이들이 주장했던 것은 물질인 '기'와 원리인 '이'는 서로 섞이지 않지만 분리되지도 않는다는 '이기이원론'이었다. 돌과 숲이 섞이진 않지만 우주 만물의 이치를 상징하는 물로 하나가 되어 분리되지 않는 모습을 묘사한 시에서 그들이 추구하는 성리학의 원리가 보였다. 남간정사 아래를 흐르는 물은 주자의 성리학을 상징했다. 또한 송시열과 그의 제자들은 주자의 성리학을 정통으로 잇는 유학자들이며, 이러한 물줄기가 조선 전체로 퍼져나감을 상징하는 듯했다.

송시열과 절친했던 친구 가운데 윤증이라는 총명한 아들을 둔 윤선거가 있었다. 윤선거는 자신의 아들을 가까운 친구이자 훌륭한 유학자인 송시열에게 맡겼고, 후에 윤증 역시 많은 이들이 존경하며 따르는 유학자가 되었다. 어느 날 윤선거와 송시열의 사이가 틀어지는 일이 벌어졌다. 송시열이 남인인 윤휴가 내놓은 성리학에 대한 새로운 해석을 불쾌해하며 윤선거의 생각을 묻자, 그와 만나 대화를 해보는 것을 제안하며 윤휴를 두둔하는 듯한 태도를 보였다. 이에 송시열이 뒤집어졌다. 주자에 대한 모욕을 방관한다고 여긴 송시열은 그날 이후 다시는 윤선거와 말을 섞지 않았다. 윤휴에 대한 평가로 틀어진 관계는 윤선거가 죽고 나서도 회복되지 못했다. 윤선거가 죽자 윤증은 그들의 관계를 알지 못했는지 송시열에게 묘갈명을 부탁했다. 송시열의 무성의하고 비판적인 내용의 묘갈명에 감정이 상한 윤증은 평소 송시열의 독단적인 성격과 주자에 맹목적인 모습을 비판하는 내용의 편지를 친구에게 보냈다. 이것을 송시열이 알게 되면서 각자의 당파, 노론과 소론의 정치적 싸움으로까지 번졌다.

윤증의 가족은 대의에는 대쪽 같았고 학문적으로는 깨어 있었다. 어머니는 병자호란의 패망 소식에 자결한 충신이었고 윤증의 할아버지는 노쇠한 몸으로 패망의 책임을 떠안고 유배길에 올라 결국 돌아가셨다. 아버지 윤선거는 부인이 대의를 위해 자결했음에도 자신은 병약한 아버지를 모시기 위해 죽지 못한 것을 평생 자책하며 관직을 마다하고 은거했다. 속한 당파와 상관없이 배울 점이 있다면 그는 경청하는 사람이었다. 윤증 역시 관직을 마다하고 평생을 단출하게 살았다. 모두가 따르는 스승이 노쇠해지자 제자들이 나서서 집을 마련한 것이 명재고택이다. 고택은 대문도 없이 사랑채가 그대로 노출되어 있다. 다른 건물과 담장은 잘 보존되어 있는데 유독 사랑채 앞의 담장과 대문이 없는 이유는 원래부터 없었거나, 만약 있었더라도 별 의미가 없었기에 지금과 같은 상태가 된 것이라 짐작해본다.

명재고택의 사랑채 누마루 앞 기단 위에 올라서서 윤증의

° 담장이 없는 명재고택 사랑채

시선을 따라가 보았다. 사랑채에서 꽤 떨어진 집의 입구에는 열녀비가 있다. 병자호란 때 나라를 위해 자결한 윤증의 어머니가 받은 것이다. 여기서부터 나지막한 경사가 건물 앞까지 이어진다. 두 개의 단 위에 있는 사랑채에 오르면 마을이 잔잔히 내려다보인다. 저 멀리 농사짓고 있는 농부의 사정을 훤히 볼 수 있는 사랑채 앞 넓은 마당에는 아무것도 없다. 본래 사랑채 앞은 집주인의 철학을 표현하는 정원이 있기 마련인데 비워져 있다. 그저 발아래 작은 돌들이 옹기종기 모여 있을 뿐이다. 쭈그리고 앉아 돌로 만든 작은 산인 석가산石假山을 가만히 들여다보았다. 작은 돌들 사이로 큰 산맥이 보이는 듯했다. 앞에 고여 있는 작은 웅덩이는 호수 같았다. 문득 무릉도원 이야기가 생각났다. 어부가 물고기 떼를 따라가 빛이 나오는 동굴을 발견하는 모습이 그려졌다. 사랑채 누마루 옆면에는 초록색 글씨로 '도원인가桃源人家'라 적힌 현판이 매달려 있었다. 무릉도원에 사는 사람의 집이란 뜻이다. 작은 석가산에서 무릉도원을 떠올린 내 직감이 맞았다. 이럴 땐 정원의 주인과 마음이 통한 것 같아 기쁘다.

　　시대의 어른이자 모두가 존경했던 스승인 윤증의 정원은 이토록 소박했다. 너른 공간이 있어도 본인은 석가산으로 무릉도원을 가졌으니 나머지는 모두 당신들을 위해 사용하라는 뜻

∘ 명재고택의 석가산

같았다. 사랑채 기단에 올라서 있는 동안 명재고택 옆의 향교로 오가며 인사하는 어린이들, 마을에 문제가 생겨 조언을 구하고자 모여든 주민들, 나라에 주요한 일이 생겨 목소리를 내야 할 때 전국에서 모여든 선비들의 횃불이 보이는 듯했다. 고택의 사랑 마당은 많은 이들을 위한 광장이 되었다.

시대를 함께 살아간 두 리더의 정원은 이토록 달랐다. 평소 자신의 목소리를 크게 내며 해야 할 말을 아끼지 않았던 송시열과, 조용히 남의 말을 경청하고 다른 이에게 자신을 내어주며 살았던 윤증의 정원은 각자의 삶을 닮았다. 크건 작건, 화려하건 소박하건, 정원에 남겨진 이야기 속에서 그들의 삶이 보인다.

눈에 띄지 않는 조연의 역할

봉화 청암정

    더운 여름이나 추운 겨울처럼 야외 활동이 쉽지 않은 날씨가 되면, 어린아이를 키우는 부모에게는 쾌적한 실내를 찾아야 하는 과제가 주어진다. 두 어린아이를 데리고 집에 있으면서 끝없이 뛰지 말라는 잔소리를 할 바에는 밖으로 나가는 편이 좋다. 그럴 때 내가 가장 좋아하는 장소는 국립중앙박물관이다. 넓고 높은 실내에서 느껴지는 쾌적함과 해방감이 육아 스트레스를 날려준다. 전시해설 로봇 '큐아이'가 안내해주는 길을 따라가기도 하고, 책에서만 보던 미라를 직접 보기도 하고, 진귀한 보물을 보며 옛 선조들의 미감을 함께 들여다보기도 한다. 하지만 금방 흥미를 잃고 다른 곳으로 가자며 보채는 아이를 뒤쫓으며 마음에 드는 작품을 오랫동안 감상하는 시간이 얼마나 사치스러운 일인지 깨닫는다. 좋아하는 작품들을 지나치며 옛날을 그리워해본다.

특히 많은 사람들이 달항아리 앞에서 조용히 감상하는 모습이 부러웠다. 달항아리 앞에 서면 어딘가 사무치는 기분이 든다. 어린아이의 맑음과 노인의 투박함을 모두 가진 항아리 앞에서 시간의 시작과 끝이 만났다 헤어지는 느낌을 받는다. 수없이 반복했을 작가의 물레질과 뜨거운 불과의 사투 속에 마침내 탄생하는 달항아리. 그 자체로 경이로운 달항아리와 달리 보고 있으면 마음을 간지럽히는 도자기도 있다. 어린아이가 그린 듯 투박한 물고기가 그려져 있기도 하고 거친 붓으로 무심히 네댓 번 문질러 완성한 분청사기다. 달항아리는 클수록 감동이 큰 반면, 분청사기는 아담한 크기가 좋다. 무심한 듯 거침없는 마감을 보고 있으면 아이들과 놀아주다 함께 꺄르르 웃는 순간이 떠오른다. 천진함, 그 어떤 치장이나 잘 보이려는 마음 없이 있는 그대로를 보여주는 분청사기를 좋아한다.

봉화의 청암정青巖亭에서 분청사기와 달항아리 그 중간 어디쯤에 있는 작품을 보게 될 줄 몰랐다. 처음 청암정에서 다리를 보았을 때는 그저 섬 안의 정자로 건너가는 용도였을 뿐이었다.

아무 생각 없이 정자로 건너가기 위해 다리 위를 걷다 말고 내려왔다. 별다른 장식 없이 투박한 다리였는데 조심히 건너기 위해 위에서 내려다본 다리 몸체의 비율과 질감이 예사롭지 않았다. 다시 시작 지점 옆으로 돌아가 보니 몸체만 아름다운 것이 아니라 다리 시작 부분의 구성과 돌을 다듬은 매무새가 우리의 옛 도자기에서 느꼈던 투박하고 순박한 아름다움을 떠올리게 했다. 좀 더 멀리서 다리를 바라보았다. 전체적인 균형감도 놀라웠다. 적당히 얇고 긴 다리의 몸체와 시작 부분의 계단 구성, 두 덩어리인 몸체를 중간에서 떠받치고 있는 받침과 다리 기둥의 마감까지 여느 예술 작품과 견주어도 손색이 없었다.

　　몸체가 조금만 두꺼웠다면, 혹은 중간에서 받치고 있는 기

◦ 청암정 다리

둥의 가로 길이가 조금만 짧았다면 이런 아름다움은 완성되지 않았을 것이다. 돌의 마감 역시 자세히 보면 측면을 살짝 사선으로 처리했다. 중간 받침 돌은 아래쪽이 살짝 깎였다가 받침돌의 두 기둥은 다시 아래로 갈수록 넓어진다. 줄어들었다가 다시 넓어지는 돌의 리듬감은 다리 시작 부분의 계단에서도 이어졌다. 넓적한 통돌을 제일 밑에 깔고 딱 절반 크기의 가로 방향 돌로 한 단 높인 후, 다리와 같은 축의 세로 방향 돌이 호안에 조금 걸쳐져 가벼운 계단을 만들었다. 가장 아래 넓은 통돌 위에 그보다 작은 돌로 세로 방향 돌을 받쳐 공간을 비워놔 다리를 한결 가볍게 했다. 만약 이 공간이 채워졌다면 다리의 시작 부분이 무거워 보여 균형이 쏠렸을 것이다. 이리저리 교차하며 변주되는 계단돌 앞으로 묵직한 지지돌이 있다. 역시 눈에 띄지 않게 아래로 갈수록 넓어지는 돌은 다리의 몸체보다 얇지만 세로로 살짝 길게 하여 묵직한 느낌을 주었다. 만약 다리 폭보다 넓었다면 시선이 그쪽으로 빼앗겼을 것이고, 세로폭이 조금 더 짧았다면 계단을 안정적으로 지지해주는 느낌이 덜했을 것이다.

한국 정원을 통틀어 이보다 더 아름다운 다리가 있을까? 궁에 흔한 홍예교들보다 훌륭했다. 굳이 비교할 필요가 없다. 청암정 다리를 보면서 처음 귀얄 분청사기를 봤을 때의 감흥이 떠올랐다. 어딘지 모르게 닮은 투박함 때문이었다.

청암정 다리가 보물로 지정되는 날이 오길 바란다. 어떤 각도로, 어떤 길이로 다듬어진 돌인지 기록되어 혹여 복원을 해야 하는 일이 생기더라도 지금의 미감을 잃지 않았으면 좋겠다. 포장이나 담장 같은 건축물 외의 공간 요소가 중요하지 않다는 듯 관리되는 상황을 수없이 봐왔기 때문이다. 미술관이나 박물관에 보관해도 될 정도의 예술 작품인 청암정 다리가 보물로 지정되어야 오래도록 지금의 모습을 지켜갈 수 있다.

　　날씨가 풀려 외부 활동을 하기 좋은 계절이 오면 아이들과 봉화 청암정에 가서 "엄마가 좋아하는 다리야. 정말 예쁘지 않니?" 하고 소개하고 싶다. 그럼 "아니"라고 소리치며 얼른 다리 건너 정자로 뛰어갈 아이들이 그려진다. 그럼 나는 찬찬히 다시한번 살펴보고 싶은 다리를 두고 아이와 같이 정자에 앉아 오동통한 몸을 간지르며 깔깔 웃겠지. 나와 함께 청암정 다리가 예쁘다고 해줄 사람 어디 없나요?

효심이 지극한 정원

함양 일두고택

조선시대의 대표적인 민가들을 나열해보면 생각보다 사랑채의 앞마당이 괜찮게 꾸며진 곳이 많지 않다는 사실을 발견할 수 있다. 수행처 같은 분위기의 '독락당'은 사랑 마당에 실용적인 약초를 기르며 앞의 계류를 개인 정원 삼아 즐겼다. 배려심 깊었던 '운조루'는 마당 한쪽 구석에 매화나무와 중국에서 선물받은 위성류를 심었고, 자식 많이 낳으라는 부모님 성화에 마지못해 석류 화분을 앞에 둔 정도다. 초가집에 살다가 생의 말년 제자들의 성화에 못 이겨 완성된 '명재고택' 역시 사랑 마당으로 삼을 만한 공간은 비워놓고 작은 석가산을 둔 것이 전부다. 건물은 웅장하더라도 그럴싸한 사랑 마당 정원이 없는 것은 끝없이 관리해야만 유지되는 정원의 특성 때문일지도 모른다. 그런 점에서 함양의 '일두고택一蠹古宅'은 탄성이 나온다. 상상 속의 위풍당당한 대감집의 전형 같은 모습은 어떤 만족감까지 준다. 그래서인지 많은 드라마에서 대감집으로 자주 등장하기도 한다.

전체적인 분위기를 잡는 데 큰 역할을 하는 누마루 바로 앞의 커다란 소나무는 높이 솟지 않고 옆으로 펼쳐져 공간을 지배하는 듯하다. 이 집의 주인 정여창은 퇴계 이황과 함께 동방의 현인으로 불렸던 이다. 조선시대를 통틀어 열여덟 명만이 성균관 문묘에 모셔졌는데, 정여창이 그중 한 명이다. 조선 초를 살다 간 그의 고택은 16~18세기를 거쳐 1860년대에 이르러 지금과 같은 모습을 갖추게 되었다. 정여창 대의 모습은 비교적 단출했는데 대대로 이어지면서 가문의 위상이 축적되었다. 대문의 정려패는 나라에서 인정한 충신, 혹은 열녀에게 내려지는 것인데 지금으로 치면 대통령 훈장 같은 것이다. 대문에 다섯 개가 무심히 걸려 있다. 하나만 받아도 가문의 영광으로 여겨 비각을 만들어 보관하는 것이 보통인데, 대문에 그냥 매달아 놓은 모습에서 시원한 위용이 느껴진다.

고택이라 불리는 조선 민가의 핵심 건축물로는 다섯 가지가 있다. 하인이 생활하고 창고의 역할도 겸하는 행랑채와 바깥

주인이 지내고 손님도 맞이하는 사랑채, 안주인이 기거하고 부엌이 있는 안채, 그리고 조상에게 제사를 지내는 사당과 연로하신 부모님을 모시는 별당채이다. 이런 건축물을 각기 어떤 크기로, 어떻게 배치시킬지는 집집마다 다르다. 건물 간의 관계 속에서 가문의 분위기를 짐작해볼 수 있다. 일두고택 안채에는 아래채가 딸려 있다. 보통은 장성한 처녀나 결혼한 자식들이 생활하는 곳인데, 일두고택의 아래채에는 하동 정씨 일가 중 가난한 집 여식들을 데리고 와서 교육시키며 돌봤다고 한다. 집안의 어르신을 모시는 것은 여성의 몫이었기에 일반적으로 안채 가까이에 별당채가 있는데 일두고택은 특이하게도 사랑채 옆에 있다. 아마도 이미 안주인이 돌보고 가르쳐야 하는 사람이 많아 노인을 모시는 일까지 맡기엔 벅찼기 때문이거나, 대대로 효자 집안이어서 그런 것이 아닐까 추측해본다.

일두고택이 고택의 전형처럼 보이는 이유는 사랑 마당의 정원이 늠름한 자태를 띠기 때문이다. 정원 뒤에 있는 담장이 배경이 되어 그림에 좋은 액자를 씌운 듯 품격을 높였다. 별당채와 사랑채 영역을 분리하기 위해 조성된 것이기도 한 담장은 문으로 막혀 있지 않고 중간에서 덩그러니 끝난다. 이런 담장을 '차면담'이라고 한다. 얼굴을 가려주는 담장이라는 뜻으로 보통 사랑채와 안채 사이에 있다. 중문 없이 안채와 사랑채가 연결되어 있을 때 손님의 방문으로 안주인의 활동에 불편함이 생기지 않게 해준다. 일두고택에 사랑채와 별당채 사이에 차면담이 있는 것도 같은 이유이다. 만약 차면담이 없다면 대문을 열고 들어오는 손님에게 별당채가 바로 노출된다. 일반적으로 별당채가 사랑채 안쪽, 안채 옆으로 배치되는 이유도 불편한 노출을 피하기 위해서다. 그럼에도 일두고택의 별당채는 사랑채 옆에 있다. 시선을 차단하는 담장을 두어 함께 정원을 공유하면서 사랑채에서 생활하는 아들과 별당채의 부모님이 서로 시선을 주고받을 수 있다. 일두고택의 화려한 사랑 마당의 정원은 별당채로 진행

∘ 사랑채 누마루 앞의 정원과 별당채

될 수 있는 시선을 붙들어준다. 위풍당당해 보이는 정원이 사실은 부모님을 가까이 두고 모시려는 효심 지극한 정원이었다.

고택에서 나와 골목을 걸으면 다른 고택들도 구경할 수 있다. 고택이 점점 사라져가는 다른 지역과 달리 흐트러짐 없이 당당하게 자리를 지키는 일두고택과 주변의 집들이 든든하게 느껴졌다. 마을 앞으로 흐르는 계류에 지는 햇살이 물살에 부서지며 빛나고 있었다.

가문을 일으키기 위한 전략

함안 무기연당

함안의 무기연당에 가기 전 인터넷에 검색을 해보았을 때, 문이 잠겨서 안을 보지 못했다는 이야기가 많았다. 요즘엔 해설사분도 계시고 관리가 잘 되는 것 같지만, 당시에는 문화유산을 허락 없이 방문했다가 혼난 적도 몇 번 있어서 소유자와 지자체 등에 미리 연락을 했다. 아무리 유명한 문화유산이더라도 실제 사람이 살고 있는 집이 여전히 많다. 생각해보면 내가 살고 있는 집에 남들이 아무렇지 않게 문을 열고 들어와 기웃거리는 상황은 스트레스일 것이다. 소유자는 전화를 받지 않았고 지자체에서는 이야기를 해놓겠지만 잠겨 있을 수도 있다는 답이 돌아왔다. 정 안 되면 담장 밖에서라도 볼 생각으로 함안으로 향했다. 주인은 보이지 않았지만 다행히 정원은 열려 있었다.

네모난 지당에 둥근 섬으로 조성하는 일반적인 형태와 달리 집 바로 앞에 조성된 무기연당은 네모난 섬으로 만든 것이 특징이다. 집주인인 주재성이 48세인 1728년에 이인좌의 난으로도 알려진 무신란이 일어났다. 경종이 4년 만에 죽고 영조가 왕위를 이어받으면서 정권에서 배제된 이들이 난을 일으켰다. 이때 주재성은 사비를 털어 관군과 의병들에게 쌀과 먹을 것들을 제공하며 진압을 도왔다. 난이 평정된 후 병사들이 돌아가며 주재성의 집 근처에 못을 파주었는데, 이를 국담菊潭이라 이름 지었다. 나라에서 상으로 만들어준 것이다.

네모난 섬의 여러 돌 장식이 눈에 띄었다. 봉황 모양의 돌과 오래도록 전해질 맑은 기풍이라는 뜻의 '백세청풍百世淸風'이 새겨진 돌 등 다양한 장식이 있었다. 주인이 뜻이 있어 만든 정원이라기보다 나라로부터 공적을 인정받아 지어진 정원이다 보니 좋다는 것은 다 모여 있는 느낌이었다. 지당의 한쪽 면에 우뚝 솟은 소나무 뒤로 정원의 북동쪽에 풍욕루風浴樓가 있다. 풍욕루는 무기연당舞沂蓮塘과 같은 뜻이다. 독락당에서도 설명했던 '영귀'의 또 다른 표현이 '무기舞沂'인데 바람을 쐬는 언덕의 이름인 '무우舞雩'와 목욕하는 물가인 '기수沂水'에서 앞글자를 따왔다.

◦ 무기연당의 하환정과 풍욕루

풍욕루는 영귀에서의 바람과 목욕을 뜻한다. 중심 정자인 하환정何換亭은 '어찌 바꾸리'라는 뜻으로 정원이 좋아 벼슬을 주어도 바꿀 수 없다는 뜻이다. 그런데 하환정 맞은편에 원래 없던 충효사가 최근 들어 새로 지어졌다. 만든 의도와는 별개로 경관을 가로 막고 있어 답답했다. 무기연당을 그린 '하환정도'에는 지금의 충효사 위치에 작은 정원이 아기자기하게 꾸며져 있다. 옛 그림은 무기연당의 원래 모습을 담고 있는 훌륭한 사료일 뿐 아니라, 정원의 영역이 어디까지인지도 알려준다. 가문에 속한 서원과 종택, 산 너머에 있는 또 다른 정원까지 담은 무기연당은 정원의 작은 돌까지 이름을 붙여 의미를 갖게 했다. 이런 정자의 맞은편 경관을 막아버리는 것은 정자의 본래 기능을 잃게 하는 것이나 다름없다. 무기연당을 아끼는 마음으로 만든 사당이라는 것은 알겠지만, 오히려 정원의 의미를 퇴색시킨다.

무기연당과 구조가 거의 비슷한 정원이 영양의 서석지다. 서석지 역시 가운데 네모난 지당을 두고 북쪽과 동쪽에 건물을 한 채씩 두었다. 몇 가지 다른 점도 있지만 전체 골격은 비슷하다. 가장 큰 차이라고 느껴지는 것은 건물의 이름이다. 둘 다 북쪽에 정자를 두었다. 앞에 만들어진 지당과 안의 장식물을 감상하고자 만들어진 중심 건축물이다. 정자 오른편 건물에서 두 정원의 성격이 다름을 알 수 있다. 서석지에는 '주일재'라는 서재가 있다. 여전히 우리도 '서재'라 말하며 사용하고 있는 단어이다. 이렇게 '재'는 학문에 집중하고 사색하는 사적인 공간에 이름 붙여진다. 반면 무기연당에 붙여진 '풍욕루'의 '루'는 개인이 소유한 정원에 등장하지 않는 건축 양식이다. 경회루, 광한루, 주합루 등 '루'는 왕이나 나라에서 연회를 베풀기 위한 용도, 또는 권력을 보여주기 위해 높이 짓는 건물이기 때문이다. 2층에다 크고 화려하게 만들며 단청도 칠한다. 다른 개인 정원에서 볼 수 없는 '루'라는 명칭으로 건물의 이름을 붙인 것과, 네모난 섬, 연못의 둑인 지안이 두 단으로 만들어진 점 등 무기연당에서만 보여지는 특징은 정원이 만들어진 이유가 다른 정원과 분명히 다름을 보여준다.

개인 정원에서 섬이 네모난 경우는 드문데, 보길도 서연정과 강릉 선교장의 활래정이 있다. 네모난 섬을 만든 이유를 정확히 규정할 수는 없지만 과시하기 위해서 만든 정원의 특징이라 볼 수 있다. 관군이 만들어준 정원이라는 명분을 안고 여러가지로 힘을 실어 만든 정원이 무기연당의 특징이다. 무기연당이 만들어진 배경이 전략적이었다는 의견도 있다. 마을에서 위상이 별로 없었던 가문을 일으키기 위해 사비를 털어 공을 세웠고, 그렇게 나라에서 내려주는 정려비를 받는 데에 주재성의 아들은 인생 전부를 쏟았다. 마침내 나라에서 받은 정려는 종가의 대문에 걸렸다. 이는 가문의 위상과 마을에서의 영향력을 높여주었다. 자신의 내면에 집중한 정원과 누군가 봐주길 바라고 만든 정원에서 느껴지는 결이 다르다. 무기연당은 마치 공적에 대한 증거 자료 같다.

정원을 만드는 의도가 이처럼 중요하다. 주인 내면에 품고 있는 조성 의도는 어떤 식으로든 공간에 남기 마련이다. 공간의 완성도는 안목으로 결정되지만, 그보다 더 결정적인 역할은 언제나 그 시작에 있다. '정원을 만드는 이유'는 정원을 꿈꾸는 모든 이들이 진지하게 성찰해봐야 할 질문이다.

지키고 싶은 것을
눈에 담는 법

남원 몽심재

　민가에 들어갔는데 누가 살고 있는 것 같으면 눈치를 보다가 고택의 누마루에 조심히 올라간다. 눈에 들어오는 것들을 찬찬히 뜯어보면서 이곳에 앉았던 옛 주인과 소통해보려 애쓴다. 남원의 몽심재夢心齋를 방문했을 때, 누마루가 열려 있어 올라앉았다. 고택에는 실제로 누가 사는 듯 살림살이들이 눈에 띄었다. 주인 없는 집에 함부로 들어가는 것은 실례이지만, 문화유산은 공개해야 한다는 법 조항에 기대어 신을 벗고 마루로 들어갔다. 언제 쫓겨날지 모르지만 주어진 시간만이라도 집을 이해해보기 위해 전망에 집중했다. 보통 탁 트인 경치를 가지고 있는 다른 사랑채 누마루와 달리 바로 앞 언덕이 시야를 가로막았다. 집 앞 언덕은 집 안으로 들어와야 할 햇빛을 충분히 받을 수 없게 했다. 이런 환경을 극복하기 위해 대문과 사랑채 사이 마당의 경사가 상당히 가팔랐다. 언덕으로 가로막힌 햇빛을 조금이라도 더 받기 위한 해결책이었다. 언덕 다음으로 큰 바위가 눈에 들어왔다. 대문 바로 앞에 큰 바위가 있는데, 이는 대문 앞에 바위를 놓은 것이 아니라 큰 바위 앞뒤로 대문과 사랑채를 배치했다고 볼 수 있다. 사랑채에 앉아 큰 바위를 유심히 보니 뒤에 누마루가 보였다. 내가 앉은 사랑채 누마루보다 좋아 보이는 누마루는 행랑채와 함께 있었다. 하지만 하인들이 지내는 행랑채에 누마루가 있을 리 없다. 바위로 절묘하게 가려져 있는 누마루를 확인하기 위해 아래로 내려갔다.

행랑채 누마루 앞에는 연못이 있었다. 행랑채에 사랑채에 있을 법한 누마루를 지은 것도 모자라 정원까지 조성한 모습이 놀라웠다. 네모반듯한 지당은 정갈했다. 집 안에 있는 지당치고는 크기가 작지도 않았다. 안채에서 지당으로 바로 이어지는 계단을 보니 아마도 부엌에서 필요한 물을 긷거나, 빨래도 했던 것 같다. 안채랑 연결된 동선이 있으니 실생활에 사용하는 것은 분명했지만, 정원의 주인이 행랑채에서 지내는 하인들이라는 사실이 믿기지 않았다. 처음에는 주인이 사용하는 두 번째 누마루일 수도 있다고 생각했지만, 누마루와 행랑채가 이어져 있는 것을 보고 하인을 위한 정원이 분명하다고 결론을 내렸다. 사랑채 누마루에서 보이던 큰 바위는 눈치 보지 말고 편하게 쉴 수 있도록 시선을 가려준 것이었다. 행랑 누마루에는 현판까지 있었다. '요요정樂樂亭'은 거창한 뜻 없이 그저 즐거우라는 단순한 뜻이다. 난간도 간단하지만 닭다리 모양인 계자난간으로 장식을 했다. 누마루에 앉아 휴식을 취하는 하인들이 빨래를 하는 이들과 이런저런 시답잖은 농담을 건네는 소리를 들으며 흐뭇해하는 주인을 상상해보았다.

전국에 유일한 하인을 위한 정원을 보고 충격과 감동을 받은 내게 몽심재를 관리하는 분이 다가왔다. 잠시 집을 비우고 볼

◦ 몽심재 사랑채에서 내려다본 바위

일을 보고 오신 듯했다. 본인은 몽심재 관리원이자 원불교의 교무라고 소개하며, 고택의 유래와 함께 많은 이야기를 들려주었다. 알고 보니 몽심재 바로 아래편에는 원불교 교당이 있고, 몽심재는 원불교 소유였다.

몽심재는 18세기 후반, 박동식이 지었다. 행랑 마당의 연꽃 핀 지당을 자신의 호로 삼은 연당 박동식은 사랑채에 몽심재라는 당호를 짓고 걸어놨다. 그의 손자 박해창은 남원의 3대 만석꾼이라 불릴 정도로 재산이 많았다. 소작인에게 후했던 그는 명망이 높았다. 그가 죽자 영호남 여러 지역에 그를 기리는 유혜비遺惠碑가 세워졌다. 그에게 신세를 진 사람들이 자발적으로 세운 것이다. 박해창의 아들 박장식은 서울대학교 법대의 전신 경성법학전문학교를 나왔다. 베풀며 산 아버지 밑에서 자란 아들은 원불교의 창시자인 소태산을 만나며 원불교에 귀의했다. 출가한 그는 원불교의 헌법인 '교헌'을 제정하고, 몽심재의 옆 건물을 원불교 교당으로 개조하며 몽심재도 원불교에 기증했다.

고택 이야기를 듣자 하인의 정원을 만든 주인의 마음이 읽혔다. 이런저런 대화를 나누다 보니 해가 저물었다. 더 머물고 싶었지만 숙소를 정하지 못해 늦기 전에 이만 가봐야겠다고 하니, 불쑥 몽심재에서 자고 가라고 하셨다. 쌀쌀한 날씨에 난방은 되는지, 씻을 곳은 있는지 고민이 되었지만 유서 깊은 고택에서 잘 수 있는 기회를 놓칠 수야 없었다. 쫓겨날 수도 있다는 불안감을 갖고 고택을 감상했던 내게 오히려 빵이며 과일이며 가진 것을 내어주던 친절을 잊을 수 없다. 마치 이 집의 하인들이 받았던 따뜻한 마음을 받는 기분이었다. 매일 아끼는 이들의 일상을 눈에 담는 것을 좋아했던 주인의 마음을 떠올리며 잠들었다.

후에 조경설계사무소 '서안'의 정영선 소장이 만든 뉴욕주의 원다르마 명상 센터에 대해 알게 되었을 때, 원불교에서 만든 공간이라는 이야기를 듣고 좀 더 관심 있게 보았다. 2013년 미국 건축가협회에서 건축디자인상을 수상하기도 한 이 센터는 건축물과 경관이 하나의 유기체로 구성된 점에서 높게 평가받았다. 처음 설계를 의뢰받고 대상지를 방문한 정영선은 훌륭한 자연 경관에 바꿀 것이 없다는 생각이 들었다고 한다. 디자인 의뢰를 받은 설계가가 지금 모습을 그대로 둔다는 안을 제시하는 것은 무척 용기가 필요한 일이었다. 특히나 의뢰인의 결단 없이는 실행될 수 없기에 걱정이 컸는데 다행히도 원불교 측에서 지금의 경관을 거의 그대로 수용하는 디자인을 이해하였고, 자연이 주는 장엄함 속에서 명상할 수 있는 공간이 완성되었다.

남원에 있는 한옥과 미국에 있는 센터는 겉으로 보기에 무척이나 다른 건축물이지만 내포하는 정신은 비슷하다. 하인을 배려하던 마음과 자연을 배려하는 마음. 나 아닌 타인을 향해 한없이 따뜻했던 마음이 이어지고 있었다.

묵묵히 생각하는 산을 닮은

안동 도산서당

우리는 산과 관계를 맺으며 살아왔다. 산은 삶에 필요한 재료들을 제공하였고, 항상 대면해야 하는 존재였으며, 이들을 어떻게 잘 활용할지는 언제나 주요한 문제였다. 작은 땅이지만 산의 형태와 자연이 주는 느낌은 지역마다 달랐다. 작지만 분명한 차이는 지역의 특색을 낳았고, 대표적인 예가 전라도의 정원 문화와 경상도의 서원 문화이다.

전라도의 산세는 웅장하지만 도드라지지 않는다. 웅장한 여러 겹의 산세가 이어지면서 땅에 스며들듯 흘러드는 형상은 분명 이 지역 사람들의 성정에 영향을 미쳤을 것이다. 이토록 아름답고 부드러운 자연을 평생 보며 살아가는 사람들에게 자연을 찬양하는 시를 짓는 건 당연한 욕구이지 않았을까? 이러한 감탄을 함께 나누고 싶은 마음 역시 같았을 것이다. 그렇게 가사 문학은 발전하였고, '자미탄紫薇灘'이라고 하는 배롱나무가 즐비했던 담양의 여울가에서 정원을 만들고 함께 시를 읊었다.

반면 경상도의 자연 산세는 듬직하다. 전라도의 산들은 함께 어울리고 싶은 산이라면 경상도는 믿고 조용히 생각하고 싶은 산이다. 그 안에서 사색하다 보면 깨달음을 얻을 것 같다. 그래서인지 경상도에는 서원 문화가 발달했다. 훌륭한 서원은 인재를 배출했고, 그들은 정치의 중심에 섰다. 시간이 흘러 중심에 서는 것이 익숙해진 이들은 자신과 친분이 두터운 이들과 권력을 나누었고, 어떤 서원 출신인지에 따라 당파를 갈랐다. 이후 붕당정치의 근원이 되어 사회적 문제가 된 서원들은 대부분 사라지게 되었다. 하지만 훌륭한 스승을 본받아 성리학 연구를 이어온 서원 마흔일곱 곳은 살아남았다. 남아 있는 유서 깊은 서원 가운데 아홉 곳이 유네스코 세계문화유산으로 등재되었다.

도산서원으로 가는 길은 산을 넘어 또 산이었다. 연속된 산을 보고 '또 산'이라고 해서 도산의 어원이 되었다는 이야기도 있을 정도이다. 경상도 특유의 듬직한 산의 기운이 느껴지는 곳에 도산서원이 있다. 서원은 사립 유학 교육 시설이다. 때문에 제자를 가르치는 강학 공간과 스승을 모시는 제향 공간으로 구성되어 있다. 유교 단체 공간이다 보니 좀처럼 개인의 취향을 느낄 수 없는 일반적인 서원과 달리 도산서원은 퇴계 이황이라는 개인을 느낄 수 있는 특별한 서원이다. 서당을 그대로 살리고 뒤를 증축해 서원을 만든 예는 도산서원이 유일하다. 서당에서는 이황이 추구했던 삶을, 서원에서는 세상이 그에게 무엇을 요구해왔는지를 느낄 수 있다. 개인이 철학을 담아 완성한 공간, 이황의 정원이 있는 도산서당으로 향했다.

서당을 품은 서원은 마치 노년의 부모님을 장성한 자녀가 뒤에서 안아주는 듯한 구조다. 서원의 기원인 서당은 이제 서원의 부속 건물이 되어버렸지만 구역을 나누자면 앞쪽은 서당권역, 일직선으로 오르는 계단 끝에 있는 진도문부터는 서원권역이다. 온전히 서당만 존재했던 때를 그려보고 싶다면 천 원짜리 지폐를 펼쳐보면 된다. 지폐에 그려진 겸재 정선의 '계상정거도'를 보면 원래는 지금과 같은 방식으로 서당에 진입하지 않았음을 알 수 있다. 절벽 아래 강가를 따라 난 길을 걷다가 양쪽 두 개의 높은 대를 만나면 서당의 입구라는 뜻이었다. 높이 솟은 자연 지형을 '대臺'라고 하는데, 서당 앞 강가의 두 개의 대는 마치 서당의 대문과 같았다. '천연대天淵臺'와 '천광운영대天光雲影臺'라는 두 대 사이의 길을 따라 가파른 경사를 오르면 도산서당이 등장한다. 지금도 만약 가파른 경사를 오르며 들어왔다면 공간의 위

∘ 도산서당에서 서원으로 이어지는 길

엄이 달리 느껴졌을 것이다.

서원 마당을 지나 정문으로 들어서니 진도문으로 향하는 계단과 양 옆에 모란이 있다. 가을의 모란은 꽃과 잎은 지고 가지만 남아 있었다. 점잖아야 할 서원에 부귀를 상징하는 모란이라니, 꽃 장식을 자제했던 서원에는 드문 화훼이다. 작은 샘, 몽천을 지나 담장 남쪽의 사립문인 유정문 앞에 서서 서당을 보았다. 세 칸짜리 작고 간결한 집 앞에서 이황의 강한 의지가 느껴졌다. 조정의 숱한 부름에도 잠시 응했다가 관두기를 반복했던 그는 직접 도면을 그려가며 애정을 다해 서당을 완성했다. 대학자가 만든 작은 건축물에는 어떤 특별한 것이 있을까 기대하며 서당 앞의 낮은 계단을 천천히 올랐다.

담장 남쪽의 사립문, 유정문을 열고 들어서자마자 보이는 방문이 남달랐다. 출입을 위해서라기엔 작고, 창문이라기엔 커 보인다. 고요한 곳에서 원하는 만큼 책을 읽는 것이 삶의 유일한 바람인 이에게 커다란 문은 필요하지 않았다. 출입을 위해서는 마루를 향해 난 문을 이용하면 되었다. 하지만 책을 읽다 답답한 마음을 달래줄 창이 필요했고, 이왕이면 시원하게 경치를 볼 수 있길 바랐을 것이다. 그렇게 만들어진 문의 크기는 더 작았다면 옹졸했을 테고, 컸다면 허술했을 것이다. 안에서 밖을 볼 때의 엄격함만큼 밖에서 자신을 바라보는 모습도 정돈되길 바랐던

게 아닐까. 툇마루가 없어 더욱 간결한 문을 통해 보이는 그의 모습은 한 편의 초상화 같았을 것이다. 툇마루가 있었다면 잠시 앉아 쉴 수 있었을 텐데 이황은 본인도 다른 누군가도 방 앞에 잠시나마 앉는 일이 없길 바랐다. 자기 자신에게도 허락하지 않았던 흐트러짐은 그와 함께하는 모두에게 해당되는 일이었다.

잠을 자고, 밥을 먹고, 책을 읽고, 제자를 가르치는 모든 일을 수행했던 방의 이름은 '완락재玩樂齋'이다. 건축 구조만큼이나 재치 있는 작명 센스에서 그의 내면 가득한 여유가 느껴진다. '평생토록 여기서 즐기는 것이 싫지 않겠다'는 뜻의 완락재는 정말 작다. 수많은 책들로 가득해 부족해진 방의 공간은 툇기둥을 세워 수납 공간을 마련했고, 음식을 하지 않고 아궁이에 불만 지피는 부엌의 반 칸을 방으로 보태 공간을 넓혔다. 이황은 작은 방에서 지냈지만 수많은 책들을 통해 물리적 공간에 한정되지 않고 큰 세계를 여행하며 평생토록 즐기고자 했다. 이렇게 신이 날 정도로 공부만 하는 이가 바로 옆 마루의 이름을 '암서헌巖栖軒'이라 지은 것이 재미있다. '세속을 떠나서 산다'고 해석되기도 하지만 차용한 주자의 시문을 그대로 읽으면 의미가 좀 다르다. "오래도록 학문에 자신이 없었는데 바위에 깃들어서 작은 효험을 바란다"는 구절이다. 대학자가 겸손이 지나친 게 아닌가 싶다. 영험한 바위에 기도라도 한다는 말에서 끝없는 학문의 세계를 탐구하며 느꼈을 즐거움과 막막함 같은 감정이 전해졌다.

◦ 도산서당의 완락재 문

도산서당을 가운데 두고 네 면의 담장이 둘러싸고 있다. 서당은 왼쪽 담장과 면해 있는데, 건물과 담장 사이를 약간 띄워 공간이 생겨났고 그곳을 출입문으로 썼다. 이 왼쪽 출입문은 주로 하인들이 사용했다. 서당 왼편에는 '고직사'라는 건축물이 있는데 민가라면 행랑채와 부엌의 역할을 담당하는 곳이다. 척을 보관하느라 반 칸 줄어든 부엌 옆으로 다시 반 칸을 늘리며 장작 둘 곳을 마련했다. 장작 보관할 곳이 없어 매번 들고 옮길 하인의 수고를 덜기 위해서였다. 암서헌 앞으로는 아담한 크기의 정우당淨友塘이 있다. 깨끗한 친구라는 뜻의 정우당에는 연꽃이 자라고 연못 뒤로 비워진 담장 건너편에는 절개 있는 친구라는 뜻의 절우사節友社가 있다. 절우사는 매화, 소나무, 국화, 대나무가 심겨진 정원이다. 암서헌에 앉아 뚫려 있는 담장 너머로 정우당과 함께 저 멀리 천광운영대와 천연대가 보였을 것이다. 정우당이 있는 곳에는 담장이 없어 뚫려 있지만 지금은 전체적으로 서원의 담장이 기존보다 높아져 서당을 비롯한 서원 앞의 경관이 시원하게 보이지 않는다. 담장이 없거나 낮은 이유는 더 멀리 있는 경관을 담기 위해서였을 텐데 높아진 담장이 아쉬웠다. 정우당에 자신의 모습을 비춰보고, 강에 드리워진 하늘과 구름의 청명함을 비교하며 학문에 매진했을 그였다.

퇴계는 다른 이들이 왕을 알현하는 자리에서 자신의 포부를 표명할 때, 해야 할 일만 묵묵히 할 뿐 자신을 드러내지 않았다. 그것이 본래의 성품에서 비롯된 것인지, 을사사화로 형의 죽음을 겪으며 눈에 띄지 않는 길을 선택한 것인지는 알 수 없지만 아마도 두 가지 모두 영향을 미쳤을 것이다. 자연을 사랑했던 그는 외직을 자처하여 단양으로 발령받았다. 젊은 시절에 부임했던 단양에서 아름다운 자연을 보고 도담삼봉을 노래한 시를 지었다. 이후 단양의 아름다운 경치는 조선시대 문인들에게 널리 사랑받아 '단양팔경'으로 자리 잡게 되었다. 그는 사람이 아닌 자연으로부터 마음의 평온을 찾았다. 퇴계의 삶에서 경관이란 단순한 감상의 대상을 넘어 자신의 철학을 발전시키고 삶을 채우는 존재였다.

홀로 했던 답사 이후, 각 분야의 전문가들과 도산서당을 다시 한번 찾았다. 건축 전공자와 역사 전공자와 함께한 자리였다. 전문가들과 함께하니 여러가지 이야기를 들을 수 있었다. 역사 분야 교수님은 퇴계 이황의 사상에 대한 장광 연설을 이어나갔다. 해박한 지식에 퇴계 이황의 위대함이 느껴졌지만 나는 그보다 인간으로서의 퇴계 이황을 알고 싶었다. 위대하고 드높은 사람이 아니라 한 명의 사람으로서 퇴계 이황은 어떤 사람이었을까. 같은 또래의 건축 전공자와 암서헌 마루에 앉아 경치를 바라보았다. 암서헌 오른편에 추가된 마루가 칸살로 만들어진 것이 간이 시설처럼 보이지만, 실은 더 품이 많이 드는 것이라 설명해주었다. 하나씩 붙여 만들면 재료는 더 많이 필요하더라도 손이 덜 가는데 어렵게 하나씩 띄워서 살을 맞추는 작업을 굳이 선택한 이유가 뭘까 궁금해졌다. 우리는 건축가로서의 퇴계 이황에 대해 이야기를 나눴다.

세 칸의 단출한 집에 암서헌 옆으로 마루와 지붕이 추가되어 자칫 네 칸으로 보일 수 있었지만, 같은 형태의 지붕이 아닌 덧댄 형태의 지붕으로 처리하였고, 추가 마루도 정식 대청이 아닌 칸살로 덧대어 세 칸의 형태를 유지했다. 마루가 두 칸인, 총 네 칸의 집도 얼마든지 있는데 이렇게까지 세 칸에 집착하는 것엔 그만한 이유가 있을 것이다. 성리학의 기원인 음양오행은 음양과 태극이 핵심인 사상이다. 세 칸의 집은 '3'이라는 숫자가 상징하는 바를 표현한 것 같다. 완전수라고 여겨지는 '3'을 꼭 지키고 싶었던 퇴계 이황의 의지가 아닐까.

그의 의도를 생각하며 낙동강 가로 발걸음을 옮겼다. 도산서당에 잠시 앉아보는 것으로 그의 뜻을 전부 이해할 순 없었다. 드넓은 강에 높은 하늘이 비쳤고, 뒤로는 산과 산이 겹겹이 펼쳐졌다. 아름다운 경관을 눈앞에 두고도 한눈에 담지 못하는데, 대학자의 원대한 뜻을 무슨 수로 담을까.

3 장

정
원
이

있
는

풍
경

가난한 나라의 정원

미화와 비하 사이에서

　오랜만에 떠난 나 홀로 여행이었다. 중국어는 할 줄 모르고, 준비해 간 유심칩도 말썽이었다. 상하이 공항에서 쑤저우 숙소까지의 여정은 험난했다. 20년 전, 스마트폰 없이 배낭여행하던 세상과 완전히 바뀌어 있었다. 간단한 영어 능력과 현금만 있다면 세상 어디든 여행할 수 있을 줄 알았는데, 중국은 스마트폰 없이는 아무것도 할 수가 없었다. 편의점에서 모자란 핸드폰 배터리를 충전하기 위해 계산할 수 있는 배터리가 없는 상황의 연속이었다. 우여곡절 속에 6일간 10개의 정원을 방문했다. 한국에서 조경학 박사과정을 이수한 중국 교수님과 만나는 기회도 가졌다. 중국을 여행하며 한국 정원에 대한 생각이 많아졌다. 돌아오는 비행기에서 상하이 일대의 대륙을 바라보았다. 끝없이 펼쳐지는 평야는 한반도 전체 면적보다 넓어 보였다. 매일 산을 보며 사는 나에게 끝없이 펼쳐지는 평야에서의 삶을 상상하기란 어려웠다. 이륙한 지 얼마 지나지 않아 서해안의 섬들이 눈에 들어왔다. 작은 섬에도 영락없이 산이 있었다. 인천공항에 착륙해서 보이는 입면의 자연이 마음에 안정을 주었다. 입면으로 보이는 모든 것이 인공인 중국과, 어딜 보든 나지막한 언덕과 산이 보이는 한국의 정원은 다를 수밖에 없었다. 짧은 중국 여행은 항상 주변에 있던 산의 영향력을 외부자의 시선으로 생각해보게 했다.

산은 우리에게 정서적으로뿐만 아니라 경제적, 정치적으로도 큰 영향을 주었다. 정원은 문화, 경제, 정치와 밀접한 연관이 있는 예술이다. 그렇기에 한국 정원에 대한 고찰은 산에 대한 고찰로 이어진다. 흔히 한국 정원을 '자연과 하나 된 정원'이라고 표현한다. 자연에 있는 정원이 많고, 그게 아니더라도 자연 속 정원을 이상향으로 생각하며 만든 정원들이 많다. 뒤집어서 생각하면 사람이 한 것이 별로 없는 정원, 극단적으로 말하면 아무것도 하지 않은 정원이라고도 할 수 있다. 인공 요소의 많고 적음에 따라 정원의 가치가 정해지는 것은 아니다. 누군가는 자연과 하나 된 정원이라며 신화화하고, 누군가는 별 볼 일 없는 정원이라고 비하한다. 맹목적인 찬양과 실망, 훌륭하고 훌륭하지 않고의 구분보다 정원이 가진 고유한 가치를 생각해보는 시간이 필요하다.

중국 정원의 화려함은 감당하기 벅찰 정도였다. 자유로운 형태의 지당과 가로지르는 다리, 지당을 둘러싼 화려한 석가산과 지붕이 있는 긴 복도인 회랑이 중국 정원의 특징이다. 주변에 자연이 없는 평지에 엄청난 부를 가지고 만드는 정원에서 화려함 말고 추구할 만한 다른 가치가 떠오르지 않았다. 우리도 평지에서 엄청난 부를 가지고 정원을 만들던 때가 있었다. 바로 경주의 동궁과 월지를 보면 알 수 있다. 동궁과 월지는 중국의 정원과 별반 다르지 않다. 청나라와 삼국시대라고 하는 천 년의 시간 차가 주는 화려함의 정도나 기술의 차이가 있을 뿐, 정원의 골격은 거의 비슷하다. 큰 지당을 중심으로 주변에 건축물이 있고, 자연을 형상화한 장식으로 정원을 꾸미고, 전체를 한 바퀴 소요하며 즐기는 구조가 동일하다. 단지 흙을 사용한 둔덕 위에 나무와 자연석을 배치하여 꾸민 것과, 진기한 형태의 돌산을 만들어 화려하게 장식하느냐 정도의 차이였다.

우리나라가 산에 공간을 조성하며 적극적으로 활용하기 시작한 것은 군사적 요충지를 선점하기 위해 왕실에서 계획적으로 산에 사찰을 짓기 시작한 통일신라시대부터이다. 지금은 산사가 자연스럽지만 삼국시대만 해도 사찰은 궁과 가까운 평지에 있었다. 미륵사지, 정림사지, 황룡사지가 대표적인 예다. 해골 물을 마시고 고향으로 돌아간 원효대사와 달리 당나라에서의 유학 생활을 마치고 돌아온 의상대사는 왕명을 받아 군사 요충지가 될 만한 산들을 선점했다. 고려와 조선시대를 거치면서 산이 많은 우리나라는 산 활용법에 특화된 민족이 되었다. 마을과 서원 등 많은 건축물이 산 중턱에 자리 잡았다. 귀한 평지는 농경지로 사용하고 바람을 막아주는 경사지를 골라 머무는 곳으로 활용했다. 부가가치가 높은 평지에서는 농업과 상업을 하는 편이 경제 논리에 맞았고, 정원을 만들기에는 산이 좋았다. 소유한 평지에서 농사짓지 않고 정원을 만드는 양반이 어디 있겠는가? 동양 정원의 이상향이 자연이라는 점에서도 산을 정원의 거점으로 선택하는 쪽이 좋았다. 문제라 할 점은 살고 있는 곳에서 멀지 않아 자주 갈 수 있으면서, 정원으로 이용할 만한 자연 환경이 갖춰져 있는 곳을 찾는 정도였다.

조선은 가난한 나라였다. 돈이 많아서 부를 자랑하기 위해 정원을 만들 수 있는 사람은 조선말 세도가문이 등장하기 전까지 전무하다시피 했다. 만들어봤자 주변에 낮은 담장 두르고, 작은 연못 만든 뒤, 섬이나 괜찮은 돌에 이름 붙여 즐기는 스준이었다. 경치 좋고 머물기 적당한 곳에 자리 잡은 뒤, 생활하기 어렵지 않을 정도로 정돈하면 그만이었다. 원래 정원이 부와 권력의 상징이라는 것을 생각하면 한국의 정원은 이와 거리가 너무 멀었다. 나라와 시대를 불문하고 정원으로 부와 권력을 과시해왔지만, 조선의 경제력은 그에 미치지 못했다.

가난한 나라의 정원은 채울 수 없는 화려함을 다른 것으로 대신했다. 부족함은 오히려 자유를 주기도 했다. 뽐내야 할 정원이 아니기에 어떤 식으로 보여야 한다는 부담에서 벗어났다. 부족한 자원 안에서 가진 것으로 정원을 만들었다. 욕심을 낸다면 기존의 자연 중에서 활용할 것이 풍부한 장소를 처음부터 선택하는 정도였다.

부족함은 사적인 언어들로 채웠다. 정해진 것 없는 자유로운 말들이 정원에 담겼다. 운조루의 '배려', 명옥헌의 '사색', 도산서당의 '겸손', 소쇄원의 '기다림' 등은 자유 속에서 가능했던 설계 언어들이다. 이런 주제를 가지고 조성되는 공간은 인위적일 필요가 없었다. 그렇다고 마냥 자연 그대로일 수도 없다. 어떤 자연은 그대로 차용하고, 어떤 자연은 티 나지 않게 손을 댔다. 때로는 적극적으로 인공 구조물을 설치하였지만 어디까지나 배경인 자연에 큰 변화를 주지는 않았다. 그대로 둘 것들을 선택하는 안목이, 손을 댔음에도 티 나지 않게 하는 기술이 필요했다. 말하지 않으면 그냥 자연이 만들어낸 것이라 여겨지는 것들이 많다. 성북동 별서 암반의 물길, 소쇄원의 대나무 홈통과 연결된 바위, 창덕궁 후원 옥류천의 소요암, 경주 독락당의 자계 등에서 발견되는 안목과 기술이다.

성북동 별서 암반에 흐르는 폭포는 자연이 만들어낸 물길 같지만 누군가 연장을 들고 인위적으로 만든 것이다. 소쇄원 역시 흐르는 물이 폭포가 되어 쏟아지기 전에 일부를 대나무 홈통으로 끌어와 초정 옆의 인공지당으로 흘러들어 가게 하는데, 이때 계곡의 암반 사이로 난 길 역시 연장으로 자연석을 깎아 만들어낸 것이다. 하지만 원래부터 그렇게 만들어진 물길인 듯 자연스럽다. 더 적극적으로 물길을 낸 것에는 독락당의 자계가 있다. 어딜 봐도 자연계류 그 자체로 보이는 자계는 사실 인위적으로

。소쇄원, 대나무 홈통으로 흘러가는 물길

손을 봐 더욱 자연적으로 보이게 만들었다. 이를 두고 건축가 김봉렬 교수는 "자연의 증폭"이라 표현했다.

깎는 방식이 아닌 덧대는 방식으로 자연을 활용하기도 했다. 거대한 암석을 기단 삼아 조성된 초간정은 꺾여 흐르는 물길의 모서리에 정자를 지어 넓은 시야를 확보했다. 정자에서 보이는 경치도 멋있지만 멀리서 자연 암반 위에 우뚝 솟은 건물을 보는 것도 좋다. 이렇게 때로는 티나지 않게, 때로는 과격하게 자연을 활용하며 만든 정원의 중심에는 조성하고자 하는 이의 의도와 내면에 고이 품었던 안목이 발현된다.

정원을 만드는 의도와 안목에 가장 결정적인 영향을 주는 것은 위치였다. 어디에 만들 것인가에 대한 결정 앞에서 울창한 숲보다는 기왕이면 특색 있는 자연을 선택하고 싶었을 것이다. 마음을 사로잡는 자연을 찾아 나서는 단계가 정원 만들기의 시작이자 전부나 다름없었다. 예를 들어, 흥선대원군의 석파정에는 코끼리 바위라 불리는 거대한 암반이 있고, 옥호정 역시 옥호동천이라는 각자가 새겨진 특색 있는 자연 암반이 있었다.

이렇듯 많은 이들을 매혹시키고, 쉽게 구할 수도, 운반할 수도 없는, 그곳에 자리해야지만 가질 수 있는 자연물이 바로 거석이다. 한국 정원에서 거대한 암석인 거석이 차지하는 비중은 상당하다. 정치, 경제적 상황에 따라 자연으로 들어가 정원을 만들 수밖에 없는 우리에게 거석의 존재감은 당연함을 넘어서 지배적이었다. 건물의 기단이 되기도, 가치관을 새겨놓는 표식이기도, 바라보며 즐기는 장식이기도 했던 거석은 어떤 정원에서도 빠지지 않는다. 거석은 한국 정원의 고유성이다. 어쩌면 거석은 희망의 한 단면이었는지도 모른다. 큰 바위가 가진 변치 않는 육중한 모습이 불러일으키는 숭고함에 때론 기대고, 때론 소유하며 함께했다.

경제력 없고, 정치적으로 무력한 가운데 만든 정원에서 우리가 자연을 대했던 태도를 본다. 보고 즐길 화려한 장식이 없는 초라한 정원이지만 감동을 주는 이유는 나와 그리 다르지 않은 사람들의 치열함, 낙담, 그리고 희망이 그 안에 담겨 있기 때문이 아닐까.

우리 문화가
자연을 대하는 태도

창덕궁 대조전 화계

단풍놀이로 전국이 들썩이는 10월의 주말 아침, 창덕궁 돈화문 앞에는 놀라운 광경이 펼쳐진다. 후원 입장표를 사기 위해 서 있는 사람들의 행렬이다. 창덕궁 후원은 유네스코 세계문화유산으로 지정된 후, 관람 인원을 제한하고 있다. 덕분에 후원에 들어가면 북적이지 않는 분위기에서 고즈넉하게 조선의 정원을 즐길 수 있지만, 그런 여유를 즐기기 위해서는 새벽부터 치열한 티켓팅과의 사투를 벌여야 한다. 매년 봄과 가을이 오면 창덕궁 후원 티켓을 구하기 위해 아침 6시면 문 닫힌 매표소 앞에 앉는다. 돈화문 회화나무와 인사하고 담벼락 위로 점차 밝아오는 하늘을 반가워하는 일에 익숙하다. 이런저런 생각을 하다 보면 세 시간이 금방 흘러간다. 대부분은 오늘의 투어 내용을 점검하는 데 쓴다. 오시는 분들의 특성에 따라 어떤 분위기로 이끌어갈지 고민하기도 하고, 기억이 가물가물한 정보들을 점검하기도 한다. 중년 분들이 많을 때는 분위기를 걱정하지 않아도 된다. 기업이나 기관에서 모집해 오는 경우가 많아 열정과 에너지가 가득하기 때문에 투어를 하면서 나까지 흥분할 때도 있을 정도로 신이 난다. 조경학과 학생들과 올 때도 즐겁다. 학부생이나 대학원생, 때론 특성화고 고등학생들과 함께할 때면 모두는 아니더라도 몇몇 눈을 반짝이는 학생들을 보는 것이 뿌듯하다. 가장 힘든 경우가 듣고 싶지 않은데 억지로 끌려온 경우다. 워크샵이나, 교육의 일환으로 오는 이들은 관심도 없고, 금방 지치는 경우가 많다. 그래서 오프닝 때부터 확실한 기선 제압이 중요하다. 정확하게 준비된 문장으로 관심을 유도하고, 범상치 않은 분위기를 풍기려고 노력한다. 그리고 중간중간 퀴즈 대회를 열어 상품으로 열기를 더한다. 별것 아닌 초콜릿바도 효과가 대단하다.

　　대부분의 사람들이 살면서 창덕궁 후원에 한 번도 가보지 않거나 많이 가봐야 두어 번이다. 특히 단풍이 곱게 물든 후원에서 정원 이야기를 들으며 걷는 일은 인생에 한 번뿐일 가능성이 높다. 그런 사람들에게 기대 이상의 시간을 만들어주고 싶다. 큰 기대 없이 왔겠지만 자기도 모르는 사이에 한국 정원의 매력에 푹 빠지게 만들겠다는 비장한 각오를 숨긴 채 투어를 진행한다.

"유네스코에서는 정원을 이렇게 정의합니다. '정원은 한 문화가 자연을 대하는 태도이다.' 전 세계인의 정원이자 우리의 태도를 고스란히 간직한 창덕궁 후원으로 입장하겠습니다."

창덕궁 정원 투어는 이렇게 시작한다. 꽃과 나무로 장식된 정원을 예상할 사람들에게, 우리가 보고 느껴야 할 것은 태도임을 상기시키기 위해서다. 창덕궁은 우리 문화가 자연을 대하는 태도를 가장 잘 느낄 수 있는 곳이다. 전 세계 대부분의 궁이 강한 직선축을 가진 것과 달리 창덕궁의 축은 삐뚤빼뚤하다. 정문인 돈화문으로 들어와 오른쪽의 예쁜 다리라는 뜻의 금천교 앞에 서서 진선문을 바라보면 길의 축이 변하는 것을 볼 수 있다. 직선이 아닌 꺾은선으로 궁의 동선을 짠 것도 모자라 90도도 아닌 자유롭게 변하는 선은 근엄해야 할 궁과 어울리지 않는다. 하지만 돈화문에서 금천교까지의 거리, 금천교에서 진선문으로 꺾이는 각도, 진선문에서 다시 인정전으로 꺾이는 각도가 바로 우리가 자연을 대하는 태도이다.

정문으로 들어오자마자 길이 꺾이는 것은 체면이 서지 않는다. 어느 정도 충분한 직선이 정문 뒤에 필요하다. 왕이 행차를 하거나 궁으로 돌아올 때, 그를 배후하는 신하들의 규모가 충분해 보이는 정도여야 한다. 그렇다 보니 금천교는 정문인 돈화문에서 최대한 멀어야 하지만 인정전 앞의 인정문보다 뒤쪽일 수는 없었다. 할 수 있는 최대한 금천교를 멀리 뺀 다음 다리의 각도를 남쪽으로 살짝 틀면 티 나지 않게 진선문을 인정문과 멀리 둘 수 있다. 진선문이 인정문과 가까우면 안 되는 이유는 진선문 이후의 길이 또다시 틀어진 것과 상관이 있다. 새로운 공간에 들어서면 정면에 있는 것부터 확인하게 된다. 진선문의 정면에는 숙장문이 있다. 이런 조건 속에서 왼쪽에 있는 인정전으로 자연스레 동선이 안내되어야 한다. 인정문을 크게 짓더라도 길과 평행하게 놓이면 문의 측면만 보일 뿐이다. 금천교를 틀어서 확보한 진선문과 인정문 사이의 공간 덕분에 길을 다시 살짝 북동쪽으로 향하는 사선으로 배치해 인정문이 보이도록 했다. 때문에 정면에 있으나 멀리 있는 숙장문보다 측면에 있지만 웅장함이 느껴지는 인정문이 이곳의 주인공이 된다.

돈화문에서 인정전까지의 동선을 두고 얼마나 많은 고심을 했을지 느껴진다. 궁의 위계를 위해 직선, 혹은 직각으로 동선을 만들어야 한다는 관념을 버리고서라도 지켜야 할 것은 바로 자연이 만든 지형이었다. 세 개의 공간으로 구성하는 것이 궁의 법도다. 지금으로 치면 청와대의 민정수석실과 같은 신하들의 근무지인 외조가 가장 바깥쪽에 배치되고, 왕의 생활 공간인 연조는 가장 안쪽에 둔다. 외조에서 근무하는 신하가 안쪽으로

한 걸음 들어가고, 왕이 궁 안쪽에서 세상으로 한 걸음 나와 중앙에서 함께 정치하는 곳이 치조다. 창덕궁의 삼조는 북악산이 만든 지형에 곱게 앉아 있다. 산과 평지가 만나는 지형을 바꾸지 않고 궁의 주요 전각을 배치했다. 그렇다 보니 삼조의 축이 모두 제각각이고 동선도 복잡해졌다. 일직선의 강한 직선 축으로 권력을 드높이는 것보다 산세를 그대로 유지하여 자연 지형을 지키는 것이 중요했던 나라의 궁에서 자연을 대하는 태도를 느낄 수 있다.

인정전을 지나 조선시대 유일한 청기와 건물인 선정전을 보고 나면 호텔 로비같이 생긴 희정당이 나온다. 가마가 아닌 자동차를 타게 되면서 바뀐 편전의 모습이다. 숙장문 뒤에 지금은 기념품을 파는 곳이 된 빈청은 예전에 차고로도 사용되었다. 숙장문을 지난 차가 희정당 앞 로비를 돌아 차고로 들어가는 모습을 그려본다.

이제 궁의 안쪽으로 들어가 탐험할 시간이다. 다시 한번 말하지만 궁은 안쪽으로 들어갈수록 좋으니 주저 말고 뒤로 뒤로 향해야 한다.

침전의 뒤편, 깊은 구석까지 들어오는 관람객은 많지 않다. 궁에서 가장 사적인 분위기를 풍기는 곳이다. 대조전 뒤에는 화계가 있는데 내 기준 가장 아름다운 3대 화계에 속한다. 아미산 화계, 낙선재 화계, 그리고 대조전 화계는 궁에서 볼 수 있는 가장 화려한 화계들이다. 아미산, 낙선재 화계는 윗단에 올라서면 서울 시내를 조망할 수 있다. 낙선재 화계는 본격적인 조망을 위해 정자를 지어놓기도 했다. 대조전 화계는 규모가 크고 웅장하다. 윗단에는 울창한 숲과 문들이 있다. 조망을 위해 틔워놓은 두 화계와 달리 빽빽한 숲으로 난 문을 통해 또 다른 세상으로 이어질 듯한 분위기다.

저 문을 열면 어떤 길이 이어질까. 새벽이나 밤늦은 시간 화계 위의 문을 열고 터벅터벅 숲으로 들어가는 왕을 상상해본다. 후원으로 향하는 지름길일 것이라고 짐작한다. 대조전 뒤가 부용지라는 것을 생각해봤을 때, 정조라면 이런 지름길이 필요하지 않았을까. 대조전 아래쪽 후원으로 향하는 정식 경로가 아닌, 좁고 어둡지만 익숙한 숲길을 지나 한결 편하게 정원에 당도했을 왕의 일탈을 생각해본다.

어느 날 창덕궁 관계자분들을 대동한 투어를 진행한 적이 있다. 화계 위의 문이 어디로 이어지는지 모르지만 만약 후원으로 통한다면 저 문을 통해서 가보고 싶다고 이야기했다. 그때 한 관계자분이 손을 들고 예전에 행사 진행을 위해 저 문으로 들어가 본 적이 있는데, 후원으로 이어지는 길이 있다고, 내 상상이 맞음을 확인시켜 주었다. 실록이나 문헌에 왕이 저 문을 통해 후원으로 들어갔다는 기록을 확인하기 전까지는 하나의 의견일

◦ 대조전 화계 위의 문

뿐이겠지만. 내 마음속에는 계단을 성큼성큼 걸어 올라가 아구
렇지 않게 문을 열고 숲으로 사라지는 왕의 모습이 있다. 결연한
마음으로 숲길을 헤쳐 부용지에 도착해, 기다리고 있는 누군가
와 이야기를 나누는 왕의 모습을 상상해본다. 문화유산이 아닌
살아 있는 사람들의 삶의 공간이었던 궁. 그곳의 시간이 다시 움
직인다.

정원=식물이라는

공식에 대한 의문

한국 정원의 울타리

조경학과에서는 생각보다 식물에 대해 배울 기회가 적었다. 조경가라면 자고로 식물 전문가여야 한다고 생각했기에 학점 받기 어렵다는 산림과, 원예과 수업을 들으며 아쉬운 마음을 달랬다. 어쭙잖은 실력으로 조경학과 친구들이 물어오는 나무의 이름을 알려주곤 했다. 식물원에 취직하는 것을 진지하게 고려해볼 정도로 식물에 진심이었다. 졸업 후 얼마 되지 않아 국가유산 전문 자격증 공부에 매달리며 몇 년의 시간을 쏟고 난 후에는 느티나무도 헷갈릴 때가 있을 정도로 형편없는 실력이 되어버렸다. 한국 정원 역사에 대한 공부를 계속 할수록 식물이 공간

구성에서 가장 중요하다는 생각이 바뀌었다.

생각의 변화에는 역사 정원을 공부한 영향이 컸다. 답사했던 대부분의 공간에서 눈에 띈 것은 식물보다는 돌이었다. 몇백 년이 지나도 정원이 처음 만들어졌을 때의 가치를 지킬 수 있게 하는 것은 돌이었다. 영주 부석사의 석축, 경주 동궁과 월지의 암석들, 정자의 기단 역할을 하는 자연의 거석들, 서석군이라 불리는 돌들까지. 육중한 모습으로 공간의 중심을 잡아주는 돌에 매료됐다. 반면 역사 정원에서의 식물은 천편일률적이었다. 남성의 공간에는 군자를 상징하는 소나무, 매화, 국화, 대나무를 심는다거나 여성의 공간에는 유실수 위주의 식재를 하는 식이었다. 심는 위치에 따라 변할 경관의 중요도보다 상징적이거나 실용적 의미에 더 무게가 실리는 편이었다. 자연스러움을 강조하는 한국 정원이라는 말이 무색한 인위적인 식재였다.

돌에서 공간 구성으로, 그리고 사람으로 관심이 옮겨 가다 보니 어느새 식물과는 멀어졌다. 자연에 대한 이해와 생태적 지식을 바탕으로 아름다운 공간을 만드는 곳이 정원이라는 생각이 점점 옅어졌다.

정원의 완성도는 어떤 식물로 꾸미느냐보다 정원을 만드는 의도에 따라 달라진다. 의도를 바탕으로 동선과 건축물 간의 관계를 결정하고, 주인의 안목에 따라 완성도의 깊이가 달라지는 정원을 이해하는 과정이 훨씬 흥미로웠다.

　　식물과의 심리적 거리가 멀어진 사이 한국에는 자연주의 식재라는 이름의 정원들이 유행하기 시작했다. 10여 년 전에는 외국 서적이나 사진으로만 볼 수 있었던 정원들이 이젠 한국 정원의 주류가 되었다. 17세기 프랑스에서 회양목같이 원하는 모양으로 다듬기 쉬운 나무들로 자수를 놓듯이 문양을 만들던 정형적인 정원에 반기를 들고 시작된 새로운 정원 양식이 지금의 그라스 가든 혹은 자연주의 식재로 이어졌다. 정원 열풍이라고 불릴 만큼 매년 여러 지자체에서 개최하는 정원 박람회에서도 자연주의 식재의 영향을 받지 않은 정원을 찾아보기 힘들 정도다. 적절한 생육 환경에 알맞은 식물을 아름답게 키워내는 모습은 하나의 수행 과정 같다. 정원의 치유 능력은 감상보다도 만들고 가꾸는 과정에 있는 게 아닐까.

　　담장 너머 온통 자연이었던 한국 정원의 울타리 안은 자연스러울 필요가 없었다. 자연에 들어가 정원을 만들었기 때문에 울타리 안에 어떤 자연은 그대로 두고 없앨지 결정한 후, 주인이 원하는 식물이 있으면 심었다. 식물을 결정할 때는 저마다 가진 고유한 덕목을 고려했다. 편안함, 장수, 그윽함, 맑음, 귀함 등 여러 덕목들을 생각하며 식물을 바라볼 때마다 그런 성정을 닮고자 했다. 자연스럽다는 한국 정원은 오히려 식물 활용 방식에 인위적이었다. 사랑채나 정자 앞에 덩그러니 놓인 파초와 매화나무는 의미만 나타내면 다인 듯 무심하게 대충 심겼다. 소쇄원 초정 뒤의 벽오동이 예시이다. 좁은 길 담장에 바짝 붙은 나무는 봉황이 내려앉는 것을 본다는 목적으로 덩그러니 심겨 있다. 전반적으로 대부분의 정원에서의 식재가 대단히 계획적으로 심겼다기보다는 의미에 중점을 두고 툭툭 무심한 듯 놓였다. 한국 정원이 추구한 자연스러움은 대단한 결심으로 인한 것이 아니라 주변에서 자연스럽게 습득된 미감이었다. 무심한 것인지 작정한 것인지 좀처럼 의도를 알 수 없는 미학은 정원뿐 아니라 도기와 그림 등 다른 예술에서도 보이는 한국 예술의 특징이다.

　　서양에서 정원은 인간이 추구하는 아름다움을 구현하는 장소였다. 서양의 예술이란 절대적 아름다움이 있다고 여겼다. 이러한 생각은 철학에서부터 비롯되었다. 서양 철학이 외부 어딘가에 있는 진리를 찾아 나섰듯이 아름답다고 여겨지는 형태를 정원에 구현했다. 하지만 동양은 달랐다. 외부에 있는 절대적 진리를 찾는 것이 아니라 나 자신이 진리가 되고자 했다. 진리를 알고자 했던 서양과, 진리가 되고자 했던 동양의 차이는 정원에서도 그대로 표현되었다. 서양에서는 그들이 생각하는 정원의 아름다움을 자연 소재를 인위적으로 통제하며 구현했다. 시대에 따라 아름다움의 모습이 바뀔 뿐, 인간에 의해 구현해낸다는 것에서는 동일했다. 아래서 위로 솟구쳐 오르는 분수로, 아름다운 조각상을 만들기 위해 깎아낸 돌로, 자수화단이라고 불릴 만큼 인위적인 전정을 한 식물로 정원을 장식했다.

동양 철학이 정원에서 발현되는 형식은 달랐다. 정원이 도달해야 하는 진리의 경지는 바로 자연 그 자체였다. 자연의 모습이 바로 정원이 추구해야 하는 것이었다. 주변이 온통 평지였던 중국 쑤저우는 다른 지역의 험준하고 아름다운 자연 경관을 인위적으로 구현하였다. 주변에 흐르는 물을 정원 안으로 가져와 자연스러워 보이는 물길을 내고, 돌과 돌을 이어붙여 거대한 가짜 산을 만들었다. 주변에 멋진 산과 풍부한 물이 있었던 일본 교토에는 영주가 자신의 부와 권력을 이용해 만든 거대한 정원이 있었고, 영주의 부와 권력 뒤에는 오래전부터 선불교가 있었다. 그렇게 일본 사찰은 고유한 정원 양식을 발전시켰고, 지금의 '가레산스이かれさんすい'라고도 불리고 '고산수枯山水정원'이라고도 하는 식물 없이 돌과 모래만 가지고 완성한 독특한 양식을 완성하게 되었다.

한국 정원은 두 나라가 가졌던 부는 없었다. 한양을 제외한 그 어떤 도시도 많은 부를 거머쥐지 못했고, 중앙집권 국가라 왕을 제외하고 부와 권력을 뽐낼 정원을 만들 수 있는 양반 역시 없었다. 성리학을 주창하는 나라에서 만드는 정원은 엄격한 예법에 따르느라 정형적이었고, 권력과 부가 아닌 오직 온전한 휴식을 취하기 위해 만들어진 개인의 정원에서는 오래전부터 전해 내려오던 도교와 자연주의 등의 사상이 적용되면서 절제 속에서 자유로운 형태를 띠었다.

'양식'이란 특정 형태가 유행을 타면서 많은 사람들이 추구하고 이를 전문적으로 수행할 수 있는 기술자가 길러져 일정 기간 동안 유지되었다가 바뀌어가는 것을 말한다. 하지만 한국 정원은 그럴 만한 여유가 없었다. 참고할 만한 정원이 주변에 많은 것도, 편하게 쓸 만한 기법이 이미 있어 가져다 쓰기만 하던 되는 것도 아니었다. 그렇다 보니 시대를 대표할 만한 양식보다 개별성이 더욱 두드러지는 정원들이 만들어졌다.

150년 전만 하더라도 자연스러운 식재는 동서양 정원 어디에서도 주요한 개념이 아니었다. 도시가 발달하고 자연과 멀어져 오히려 자연을 갈망하게 되었기에, 자연처럼 보여지는 모습이 매력적으로 다가오게 된 것이라 생각한다. 이런 흐름에 맞춰 환경을 생각하고, 식물의 다양성, 도시와 자연의 관계를 생각하는 조경 작가들이 전 세계적으로 활동하고 있다. 식물은 정원의 장식물로써 기능하는 것을 넘어서서 도시의 주요한 기능을 가진 존재로 대단위의 공원과 작은 정원을 채우고 있다. 정원은 식물이 아닌 태도이다. 이 관점으로 식물을 다루면 취미를 넘어선 예술로서의 정원에 한 발 더 다가갈 수 있을 것이다.

정영선, 울고 싶은 마음을
달래주는 이

서울 아산병원

'정영선'이라는 고유명사가 되어버린 그의 이름은 정원을 사랑하는 이들의 마음에 박혀 있다. 한국 조경의 1세대이자, 작품의 나열이 한국의 현대사가 된다. 많은 이들의 가슴에 그의 이름이 들어차는 이유는 작업에서부터 느껴지는 진정성에 있을 것이다. 규모가 작건, 대단위 프로젝트건 상관없이 그가 작업한 곳에는 그만의 정서가 담겨 있다. 문학소녀로 어려서부터 글을 쓰고 시를 짓던 감수성이 그대로 정원에 녹아들었다. 한국에 '조경'이라는 단어가 들어오기 전 기자 생활을 하다, 1973년 서울대학교 환경대학원의 '조경학과'가 신설된다는 공고문을 보고 서

른둘의 나이로 입학하여 조경가의 삶을 살았다. 이후 대한민국의 발전과 함께 그의 작업은 주요 장소 곳곳에 수놓아졌다.

예술의 전당, 선유도 공원 등 많은 작품이 있지만 학부생 시절, 정영선 조경가에게 직접 안내받은 재벌가의 사유지 정원으로 그의 작품을 처음 접했다. 가파른 경사의 지형을 오히려 시선의 연출로 풀어냈던 점, 채움과 비움의 이유, 평소 접해본 적 없는 식재 등은 그동안 사례로 봐왔던 해외 작품들에서 채워지지 않던 갈증에서 벗어나게 했다. 외국의 사례를 볼수록 한국성에 대한 궁금증이 더해지던 차에 그의 말과 생각을 직접 접할 수 있는 기회였다. 시간이 날 때마다 우리나라 산과 정자에 가서 현판에 달린 시를 읽고, 옛사람들의 경관 보는 방식을 느껴보려 한다는 말, 결국은 직접 많이 보는 수밖에 없다는 말은 마음 한구석에 숙제로 남게 되었다.

이후 틈이 나면 그의 작품으로 향했다. 아시아 선수촌 아파트, 서울 올림픽미술관의 조각공원, 희원 등을 보며 그의 말들을 떠올렸다. 조경이 배경이면서 전체 분위기를 주도하고 있었다. 과하지도 부족하지도 않은 미학이 담겨 있었다. 그의 작품에서 느껴지는 한국성은 과거의 공간을 재현하거나 옛 재료를 사용해서가 아니었다. 정원을 만드는 방식에 있었다. 한국 정원을 만든 유학자들은 모두 시인이었다. 세상을 하나의 시로 담아왔던 이들에게 정원은 시이자 은유였다. 시인이자 조경가인 그가 세상을 보는 방식은 땅에 쓰는 시가 되어 정원이 되었다.

　비가 오는 봄날 서울 아산병원을 방문했다. 아파서가 아니라 병원 앞에 조성된 그의 작품을 보기 위해서였다. 남편의 오랜 병원 생활을 통해 환자와 간병인의 생활을 잘 알고 있었던 그는 아산병원 지하 주차장 위 공원 조성에 성심을 다했다. 환자 침대 건너편에서 보이는 장례식장과 화장터가 잔인하게 느껴졌다고 한다. 고단한 병원 생활에서 울고 싶고, 쉬고 싶어도 마땅한 자리가 없던 안타까움이 설계에 고스란히 녹아들었다. '맘 편히 울 수 있는 곳'이란 설계 언어로 완성된 공원엔 비가 와 아무도 없었다. 울창한 숲과 벤치가 나열된 단순한 설계로 볼 수도 있지만 산책자를 위한 동선과 벤치의 간격에서 세심함이 느껴진다. 걷는 이와 앉은 이의 동선은 서로 방해되거나 눈치 주지 않으면서 같은 정원을 공유한다. 벤치 배치는 일관적이면서도 약간의 변주를 주어 기분에 따라 어디에 앉을지 고를 수 있다. 가까이 모여 있는 곳에서는 이야기를 하다 친구를 사귈 수 있을 것 같고, 마주 보는 벤치가 없는 곳에서는 조용히 지친 마음을 내려놓을 수 있을 것 같았다. 저마다 조금씩 다른 벤치의 간격은 누군가는 이어주고, 누군가는 맘 편히 홀로 있을 수 있게 만들었다.

　든든한 그늘을 만드는 주변의 나무는 울창하지만 웅장하지 않고, 둘레가 크지 않지만 가지를 채운 빽빽한 이파리가 우거

ㅇ 아산병원 벤치

진 숲을 만들었다. 약해 보이는 나무 기둥이 할 수 있는 최선을 다해 가지를 하늘로 보내 잎을 피우는 모습이 위로가 되어준다. 나무 아래로 왕성한 지피 식물과 함께 숙근초에서 꽃이 피는 것을 보며 건강에 대한 의지를 다질 수 있길 바랐다고 한다. 괜찮다는 말보다 힘든 마음을 꺼내 보일 수 있어서, 남에게 내색하고 싶지 않은 속상함과 걱정을 견뎌내느라 지치고 두려운 마음을 내놓아도 괜찮은 곳이 있어서 다행이다. 이렇듯 정원은 아픈 사람들과 그들을 돌보는 이의 마음에 위로가 되어준다.

정영선 조경가는 한국의 아름다움을 검소하지만 누추하지 않고 화려하지만 사치스럽지 않은 '검이불루儉而不陋 화이불치華而不侈'로 설명한다. 그러한 미학을 자신의 삶을 통틀어 되살리는 작업을 보면 이상하게 가슴이 먹먹해진다. 허리 굽히고 앉아 땅을 어루만지는 그의 손은 항상 까맣다. 현장의 치열한 싸움 뒤에서는 꽃과 나무에게 말을 걸며 단단한 몸을 굽히지 않았다. 그를 닮고 싶은 것은 모든 조경가들의 바람일 것이다. 나 역시 그렇다.

한국 건축 분야가 활성화되었던 시기의 중심에는 비평이 있었다. 호평이든 혹평이든 회자되는 것은 중요하다. 어떤 정원과 작가가 있는지, 한국 정원에는 어떤 담론이 있는지 함께 이야기하며 발전시킬 필요가 있다. 이런 생각으로 올해 나는 '여성조경인의 밤'이라는 작은 모임을 만들었다. 꼭 여성이 아니더라도 조경인들이 모여 서로에게 힘을 주는 다정한 모임이 되길 바라는 마음으로 시작했다. 호평과 혹평을 넘나드는 자유로운 생각을 나누다 보면 발전의 씨앗을 발견하곤 한다. 다른 작품에 대한 평가뿐 아니라 기억 속 이상적인 풍경을 나누거나 일하며 발생하는 어려움, 진로에 대한 고민 등 다양한 연령의 사람들이 모여 서로를 위한 조언과 위로를 아끼지 않는다. 그렇게 수많은 젊은 작가들의 작품 속에서 어떻게 한국성이 이어지는지 관심 있게 살펴본다. 또 다른 '정영선'이 탄생하길 바라는 마음을 담아.

떠나기 전에는 몰랐던 것들

정원 유산의 현실

대단한 생각으로 떠난 여행은 아니었다. 원래 방랑벽이 있었고, 20대 때 인도, 유럽, 동남아 등 여러 나라를 배낭 하나 메고서 홀로 몇 달을 돌아다녔다. 정작 우리나라를 그렇게 여행한 적 없다는 것이 새삼스러웠고, 글로만 공부했던 정원을 직접 봐야겠다는 생각이 자연스럽게 들었다. 그동안 읽었던 책들과 정리한 노트를 차에 실었다. 한 달 정도 전국을 떠도는 일정이었다. 답사할 곳의 목록을 정하고 대략적인 경로와 괜찮은 게스트하우스가 있는 곳을 거점 삼았다. 단풍이 물들고 하늘이 아름다운 계절에, 밖에 있을 수 있다는 것만으로 설레었다. 달콤한 여행과 치열한 답사 그 중간의 여정이 될 거라 생각했다.

한 달가량의 한국 정원 여행은 휴식에 가까웠다. 말도 음식도 문화도 익숙한 우리나라에서 무거운 배낭을 멜 일 없이 차에 짐을 싣고 다니는 여행은 식은 죽 먹기였다. 한 장소, 한 장소 문화유산들을 차곡차곡 눈에 담았다. 새벽같이 일어나 답사 일정을 소화하면서도 피곤한 줄 몰랐다.

돌과 나무, 흐르는 물, 정원을 구성하는 요소들 속에서 보석같이 빛나는 면들을 발견하게 되었다. 월지에 놓인 천 개의 돌은 마치 신기한 생명체처럼 느껴졌고, 청암정 다리는 박물관에 전시된 보물 같았다. 답사 막바지에 도착한 부석사 석축 앞에서는 기어코 이런 결심이 들었다. 내가 보고 느낀 아름다운 것들을 위해 내가 할 수 있는 일을 하고 싶다고. 대가 없이 받은 감동들을 누군가와 나누고 싶다고.

좋은 순간에만 이런 결심이 든 것은 아니다. 여러 지당에 뒤덮인 녹조를 보며, 그 위대하다는 퇴계 이황이 아꼈던 정원조차 빈약한 나무들로 채워진 모습을 보며 내가 할 수 있는 일이 있지 않을까 생각했다. 방치된 정원 유산의 현실을 많은 이들에게 알리는 것만으로도 개선할 수 있는 기회들이 찾아오지 않을까 기대했다.

이렇게 아름다운 예술 작품 같은 정원들을 만나게 되리라고, 동시에 정원들이 이토록 방치되어 있으리라고는 답사를 떠나기 전까진 전혀 알지 못했다. 바닥의 암석, 나무가 만든 터널, 나지막한 경사, 벽면을 가득 채운 돌이 나를 변화시킬 거라고 예상한 적 없었다.

정원은 분명 공간의 주인공이 되는 건축물 못지않게 배경으로써 그 아름다움을 말하고 있었다. 한국의 역사와 문화를 담은 공간의 품격은 단일 건축물에만 관심을 갖는 것을 넘어설 때 완성된다. 조선 후기의 실학자 서유구가 쓴 《임원경제지》에는 초정 만드는 법을 이렇게 설명한다.

"먼저 계류가에 자리를 잡고 대나무 숲을 만든다. 개울을 만들고 섬돌을 놓아 졸졸 흐르는 소리가 나게 한다. 주변에 울타리를 세우고 오른쪽에 대나무로 만든 정자를 짓는다. 그런 다음 계류 건너편에 바위와 나무와 감국을 심고 즐긴다."

정자를 만드는 법을 알려주지만 건축물 구조에 대한 설명보다, 정자 주변 경관에 대한 이야기가 더 많다. 이렇듯 주변 풍경과 조화를 이룬 공간에서 더 큰 감동을 얻는 것은 아주 오래전부터 체득된 미감이다. 결국 건축물 자체의 위용이나 화려함보다 주변의 어떤 경치를 건물 안으로 가지고 오느냐가 중요하다.

건축물이 기울거나 낡아서 보수하는 일만큼 중요한 일들이 있다. 연못의 물길이 되살아나도록 해야 하고, 연꽃이 너무 퍼져 연못의 모든 곳을 뒤덮지 않도록 관리해야 한다. 주차장을 건축물과 어느 정도 떨어진 곳에 지어 주변 경치를 천천히 음미하며 입장할 수 있도록 해야 하며, 화계와 지당의 석축을 쌓을 때 주변 산지의 돌을 사용해야 한다. 별것 아니라고 여기는 모든 것이 공간의 품격을 높이는 데 영향을 미친다. 바라건대 건축물보다 공간 전체를 보는 관점으로 정원 유산이 관리되길 바란다.

벌써 여행을 다녀온 지 10년이 넘었다. "한국에도 정원이 있어요?"라는 질문을 받던 10여 년 전과 지금은 많은 부분이 변했다. 한국 문화의 위상도 높아졌고 동시에 정원에 대한 관심도 늘었다. 한국 문화가 전 세계적으로 영향력 있는 지금, 한국 정원 역시 국가 차원으로 발전시키고자 하는 영역이 되었다. 국내에 부는 정원 열풍과 국외의 한국 문화의 인기가 만나 한국 정원이 새로운 바람을 만나기를 기대한다.

정원은 박제가 불가능한

살아 있는 문화유산

군포 동래정씨 동래군파 종택

운조루 대문 앞 평상에 허리가 구부정한 어르신이 앉아 계셨다. 대문 옆으로 '입장료 500원'이라는 팻말이 보였다. 오백 원이라는 동전과 하루 종일 그곳에 앉아 있을 어르신의 무료한 시간은 많은 생각을 하게 했다. 국가유산법상 입장료는 소유자의 권한이다. 해외 다른 나라 고택이나 정원의 입장료를 떠올리면 말문이 막히게 하는 금액과 구부정한 허리가 속상했다. 천 원이면 천 원이지 오백 원이 뭐냐며, 당장 올리시라 말하고 오천 원을 쥐여드렸다. 그러자 노상에서 밤을 팔고 있는 할머니들에게 잔돈을 얻어 돌아오셨다. 그 후로도 운조루에 갈 일이 많았다.

소쇄원을 갔다가 방문하기 적당한 거리에 있어서 1박 이상의 일정이 잡히면 소쇄원 다음 일정은 운조루였다. 우리나라 최고의 정원답게 많은 이들의 관심을 받아 비교적 잘 관리되고 있는 소쇄원과 달리 운조루의 모습은 갈수록 쇠약해져가더니 이제는 집의 절반이 잡초밭으로 변했다.

2017년 가을, 한국 정원의 가치를 알리겠다는 취지로 행사를 기획했었다. 지원받은 예산을 자유롭게 쓸 수 있었기에 꿈꾸는 일을 모두 해보자 싶었다. 정원은 박물관의 도자기처럼 구경하는 것이 아니라 향유의 공간이기에 사람과 문화가 가득 차는 풍경을 보고 싶었다. 문화유산이면서 지금도 살아 있는 장소가 되길 바랐다. 적당한 장소를 물색하는 게 우선이었다. 서울에 있거나 대중교통으로 어렵지 않게 닿을 수 있는 장소여야 했다. 그래야 많은 사람이 신청하고 행사를 준비하기에도 용이했다. 서울에 있는 좋은 정원들은 소유주가 개방을 원치 않거나 기업이나 지자체 소속이어서 불가능했다. 경기권으로 영역을 확대해 유명하지는 않더라도 원래의 모습을 잘 유지한 곳을 찾아다니기 시작했다. 그렇게 군포에 있는 동래정씨 동래군파 종택을 만났다.

대문 밖으로 나와 있는 사랑채 누마루는 연못을 향해 있었다. 문을 열고 들어서니 안주인의 손길이 느껴지는 화분이 마당에 옹기종기 모여 있었다. 안채 뒤 사당과 화계까지 민가의 기본 구성에 충실했고 사람이 살고 있어 관리가 잘 된 곳이었다. 주인 내외 분들과 마당에서 나누던 대화는 안채로 이어졌다. 향이 좋은 커피를 내어주시며 얼마 전 고택을 문화유산국민신탁에 기증하게 된 이야기를 들려주셨다. 본인들은 이 집에서 나고 자라 애착이 있지만 후대에 어떻게 될지 모른다는 걱정이 있던 와중에 군포시의 도시개발사업이 진행되었다고 했다. 고택 인근에 부는 부동산 바람에 욕심이 들어 만일 고택을 팔기로 마음먹는 다면 100억 원대의 이익이 발생하는 상황이었다. 그런 고민을 본인 대에서 끊어내기로 형제들이 마음을 모아 신탁에 기증했다고 했다. 마을 입구에서부터 보이던 수리산 동쪽의 산세와 갈치저수지에 빼앗겼던 마음은 고택을 지키려고 분투한 이야기를 들으며 더욱 간절해졌다. 꼭 이곳에서 한국 정원을 알리는 행사를 진행하고 싶었다. 따뜻한 차를 얻어 마시며 행사의 취지를 전달했다. 고요한 삶이 시끄러워지는 것에 대한 우려, 많은 사람의 방문에 귀찮아질 일들을 걱정하면서도 화장실이 신식이라 좋을 거라며 고택을 지켜온 자긍심과 예상되는 불편함 사이에서 고민하셨다. 긴 설득의 과정 끝에 전체적으로 고택을 손봐야 할 곳을 다듬고 안마당에 작은 정원을 조성하는 조건으로 행사를 허락받았다.

그렇게 2017년 가을, '고택정원 낭만산책'이라는 이름으로 갈치저수지를 한 바퀴 돌며 고택에 얽힌 이야기를 들려주고, 다과회와 음악회 및 시 낭독회로 구성된 행사를 진행했다. 행사는 성공적이었지만 수익성 사업으로는 불가능하다는 것이 결론이었다. 지원받은 사업비로 진행한 행사여서 가능했지 지원비 없이 상품으로 개발하기에는 역부족이라는 현실을 확인했다. 그럼에도 한국 정원에서 이뤄질 수 있는 프로그램의 가능성을 검증해보고 싶었다.

후에 연구차 방문한 일본의 정원 무린안無鄰菴에서 이상적인 모델을 발견했다. '우에야가토 조원주식회사植彌加藤造園株式会社'는 우리나라로 치면 국가유산 조경수리업체이다. 우에야가토는 무린안을 교토시로부터 위탁받아 운영 및 관리하고 있었다. 수시로 관리를 해주지 않으면 금세 변해버리는 정원의 특성상 더 이상 사람이 살지 않아 관리가 어려워진 정원 유산을 둔화유산 수리 전문 업체가 상주 관리하며 정원 문화를 알리는 활용 프로그램까지 운영하고 있다. 무린안에 졸졸 흐르는 냇물 소리를 들으며 전국에 쇄락하는 고택들과 아무도 관리하지 않아 방치하다시피 버려진 한국 정원들이 떠올랐다. 여름이면 연꽃이 번식하다 못해 뒤덮고, 그마저도 없이 메말라 있는 수공간들은 무린안과 너무도 비교되었다. 우에야가토 조원주식회사의 대표인 가토 도모키 씨는 무린안의 옛 사진을 가져와 하나도 바뀌지 않은 정원의 모습을 설명했다. 일본이 정원에 들이는 정성과 문화적 자긍심을 느끼며 부러움이 가슴을 따갑게 후볐다.

　오랜만에 인사드릴 겸, 행사 후 미처 다 가져가지 못한 짐을 찾으러 4년 만에 다시 군포로 향했다. 오랜만에 방문한 종택의 연못 모습이 이상했다. 민가에서 보통 방형의 못을 만드는데, 원형의 못은 누가 봐도 복원이 아닌 새로 만든 어색한 형태였다. 자초지종을 물으니 공사를 시작하며 땅을 파니 방형의 못이 나왔는데도 설계 도면이 원형이니 어쩔 수 없다며 그대로 진행되었다고 했다. 안채의 화계를 공사할 때도 고즈넉한 옛 돌은 온데간데없이 사라지고 거칠게 가공된 저렴한 돌을 쌓아 원래의 모습을 잃었다. 사랑채 누마루를 열고 보이는 모습이 이 지경이 되었으니 고택을 지키고자 했던 어르신의 마음에 얼마나 큰 상처가 됐을까. 내가 할 수 있는 일은 언론에 이 사실을 알려 기사 하나 작성하는 것 정도였다. 고택을 지키지 못한 죄책감에 한동안 마음이 아팠다.

　이후 소쇄원 담장 부실 공사 사실을 접했을 때도 착잡한 마음이었다. 소쇄원 담장은 토석담으로 주변 산과 계류가에서 구한 돌을 흙 사이에 차곡차곡 쌓아 만든 것이다. 하지만 소쇄원 주변이 아닌 다른 지역의 돌을 가져와 질감도 다르고, 무엇보다 흙 사이에 드문드문 돌이 있었다. 흙의 비중보다 돌이 빼곡하게 들어차 있던 원래의 토석담과 아주 달라졌다. 이후 언론의 주목을 받아 재공사가 진행되었지만, 소쇄원이 아닌 사람들에게 잘 알려지지 않은 몇백 년된 담장과 지당, 화계가 하루아침에 사라져버리는 경우가 수도 없이 많다. 어떻게 공사해도 누구도 문제 삼지 않는 현실에서 내가 할 수 있는 일은 한국 정원의 가치를 많은 이들에게 알리는 것밖에 없다.

언젠가 그런 날이 오길 바란다. 정원을 설명하며 문화적 자긍심을 느끼고, 전문적으로 유지 관리되며, 제대로 복원된 정원 유산에서 많은 이들이 우리 문화를 향유하는 그런 날 말이다.

서울 정원 여행 어때요?

백석동천, 석파정, 성북동 별서, 옥호정

경복궁과 창덕궁 투어를 하고 나면 사람들이 또 다른 갈 만한 곳들이 있는지 물어보곤 한다. 버스를 대절하거나 1박을 하지 않아도 갈 만한 곳을 궁금해한다. 나도 좀 고민해본 것이 아니다. 만약 부암동의 백석동천이 지금처럼 방치되지 않고 건축물과 담장, 물길이 복원되고, 성북동 별서가 개방된다면 석파정과 함께 서울 정원 코스를 만들어볼 수도 있겠다.

백석동천은 2004년 탄핵 소추시 집무를 볼 수 없어 청와대 주변을 산책하던 고 노무현 대통령이 발견한 곳이다. 일반인에게 공개된 때는 2006년이다. 상점들이 밀집된 부암동 아래에 이렇게 조용하고 울창한 자연이 있다는 사실이 많이 알려지면 좋겠으면서도 아직 잘 알려지지 않아 좋기도 하다. 물이 말라버린 둥그스름한 지당 한쪽에는 육각형의 정자가 있었다는 것을 보여주는 기둥들이 있다. 맞은편 계단 위의 언덕에는 'ㄱ'자 형태 건물 기단이 유적처럼 남아 있다. 추사 김정희를 비롯한 여러 경화세족을 거쳐 지금은 폐허로 남은 집터에 서 보면 아주 특별한 정원은 아니지만 지금의 부암동 인기 못지않았을 조선시대 도성 아래의 별서가 그려진다. 촛불을 켜고, 풀벌레 소리 가득했을 정원에서 선비들은 어떤 밤을 보냈을까?

백석동천에서 그리 멀지 않은 인왕산 자락에는 석파정이 있다. 서울미술관 옥상에 있는 석파정은 2만 원을 내야지 정원에 입장할 수 있다. 정원 입장료치고 규모에 비해 비싸다는 생각이 든다. 그래도 미술 작품 관람 겸 가볼 만한 곳이다. 원래 남쪽의 대문으로 정원에 들어오던 길은 막혀 있고 지하에서부터 옥상에 올라간다는 기분으로 계단을 오르다 보면 석파정이 나온다.

석파정은 원래 주인인 김흥근이 흥선 대원군에게 빼앗긴 정원이다. 철종 때 영의정을 지낸 김흥근은 버틸 만큼 버텼지만 결국 어린 아들이자 왕인 고종을 앞세운 흥선 대원군의 집요함에 별수 없었다. 그렇게까지 해서 이곳을 차지하고 싶었던 이유가 정치 보복이라고 보여지지만 정말 이곳이 마음에 들지 않고 서야 자신의 호를 석파라고 짓지는 않았을 것이다. 석파 이하응은 예술 감각이 뛰어난 사람으로 알려져 있다. 그런 그가 석파정의 어떤 점을 그토록 마음에 들어 한 것일까?

석파정에는 눈에 띄는 두 가지가 있다. 엄청나게 큰 소나무와 암반이다. 위로 높이 솟지 않고 옆으로 넓은 소나무는 세 칸 사랑채보다 커 보인다. 나무를 받치고 있는 아홉 개의 지주대가 나무의 크기와 무게를 실감 나게 한다. 소나무가 이 정도로 크게 자랄 수 있었던 것은 가치를 알아본 사람들이 오랫동안 공들여 키웠기 때문이다. 또 코끼리 바위라고도 불리는 거대한 암반은 어디서도 구할 수 없는 웅장한 암벽이다. 기이할 정도로 강한 힘이 느껴지는 암벽과 소나무가 흥선 대원군의 야망과 겹쳐 보인다. 석파정은 인왕산 북동쪽 아래에 위치해 바로 앞 북악산을 바라보고 있어 전망이 좋다. 백석동천과 석파정이 북악산의 서쪽 정원이라면 북악산 건너편, 산 동쪽에도 여러 정원이 있다.

예전부터 베일에 쌓여 있던 성북동 별서는 일반인 출입이 금지되어 있다. 서울에 남아 있는 몇 안 되는 조선시대 정원을 직접 보고 싶은 마음은 굴뚝같지만 굳게 잠긴 문을 열 수 있는 방법을 찾지 못하다 국가유산수리기술자 자격취득 강의 중 운이 좋게도 별서를 방문하게 된 날이 있다. 방문 당시 별서에는 모 기업의 회장님이 살고 있었다. 우리 문화유산에 진심인 이 집의 며느리이자 한국가구박물관의 관장이기도 한 정미숙 관장님의 지휘 아래 비공식적으로 아주 드물게 별서 관람이 운영되고 있었다. 약속한 시간이 되자 두꺼운 철문이 열리며 한국가구박물관의 큐레이터이자 오늘의 성북동 별서 해설사가 나왔다. 철저한 통제하에 고급스러운 안내를 받으며 그토록 궁금해하던 성북동 별서로 들어갔다.

입구로 들어서자 한쪽 바닥이 움푹 꺼진듯 어두컴컴했다. 자세히 보니 쌍류동천이라는 각자가 적힌 계류였다. 차가 다니며 포장도로로 길이 덮히자 자연 계류가 땅 아래로 흐르는 모습이 되었다. 앞에는 엄나무로 울창한 가산이 있었다. 가짜 산이란 뜻의 가산은 시선을 차단하고 바람을 막아주는, 지금으로 치면 현관의 중문과 같은 역할을 한다. 계류 위 작은 다리를 건너 가산 옆으로 돌아가자 주 정원의 모습이 등장했다.

비좁은 입구는 주 정원에서 느낄 해방감을 위해 일부러 연출한 것이었다. 서울 시내 한복판에 이 정도 규모의 정원이 지금까지 남아 있다니 믿기지 않았다. 정원 가운데의 거대한 암반 위로 물이 흘렀다. 흐르는 물줄기는 작은 폭포가 되어 '푸른빛의 그림자가 드리워진 못'이라는 뜻의 영벽지影碧池로 들어갔다. 거석이 주는 위용과 그를 둘러싼 지당은 자연의 원래 모습 같지만 자세히 보면 인공적으로 만든 것이었다. 영벽지 주변 자연 암반에는 글자들이 빼곡히 새겨져 있었다. 마치 유명 맛집 벽면을 가득 채운 연예인 사인처럼 이곳을 왔다간 당대의 권력자들의 필체였다. 고종 대의 내관이었던 황윤명의 별서라 밝혀진 이곳에서 조선 말의 정원 문화는 어떤 분위기였을까.

영벽지 옆으로 펼쳐진 넓은 잔디밭은 나지막한 언덕 아래에 있어 아늑한 분위기를 만들었다. 멋지게 차려입은 사람들이 잔디밭에 서서 샴페인 잔을 들고 담소를 나누는 모습을 상상해 보았다. 언젠가 성북동 별서가 일반 대중에게 공개되는 날, 영벽지와 송석정 및 본제의 관람을 마치고 잔디밭에 앉아 한가로운 시간을 보내는 모습을 그려보는 것만으로 기대가 된다. 한국 정원의 정수를 볼 수 있는 서울 한복판의 문화유산은 그렇게 베일을 벗을 날을 기다리고 있다.

성북동 별서 외에도 조선말 세도가문이 등장하면서 많은 부를 축적한 이들의 정원이 한양 곳곳에 있었다. 그중 가장 대표적인 정원을 꼽자면 삼청동 계곡에 있었던 옥호정일 것이다. 지금은 사라지고 없지만 그림으로 확인할 수 있는 옥호정의 주인은 정조의 사돈이자, 순조의 장인이며 조선 말의 세도정치의 문을 연 김조순이었다. 나라의 권력이 하나의 가문에 집중되어 조선이 망국의 길을 걷게 되는 데 큰 책임이 있는 사람이지만, 한국의 정원사적 관점에서 봤을 때는 엄청난 재산을 소유한 개인이 만든 정원이 탄생한 순간이었다. 김조순은 어마어마한 부를 축적했을 뿐 아니라 문화 예술적으로도 수준 높은 사람이었다. 조선시대를 통틀어 누구도 가져보지 못했던 막대한 재산으로 만들어진 옥호정은 상당한 규모와, 예술적 안목이 총집합된 정원이었다.

그는 효명세자의 외조부이다. 동궐도를 제작한 것으로도 유명한 효명세자는 외할아버지인 김조순에게 옥호정도를 선물했다. 그림의 윗부분 절반을 전부 차지하는 바위산 꼭대기에는 일관석이라는 빨간색 글자가 새겨져 있다. 새벽녘 서쪽의 바위산 꼭대기에서 뜨는 해를 바라보았을 김조순은 세상을 다 가진 것 같이 행복했을까? 정원은 크게 사랑 마당, 안채 후원, 옥호동천이라 불리는 별원으로 구분된다. 별원과 사랑 마당이 김조순의 정원이었다. 사랑 마당과 별원은 주제가 구분되는데, 사랑 마당엔 인위적으로 가꾸고 기르는 것들이 주를 이루고 별원은 자연에 파묻힌 듯 깊숙한 신선의 세계로 꾸몄다.

사랑채 앞 비워진 마당 건너엔 화단이 있다. 2단의 화단 사이엔 물길을 두어 생동감 넘치게 했다. 수조와 파초, 괴석, 영산홍 등 다양한 점경물이 있던 화단엔 자연스럽게 땅에 심은 것도 있었지만 분재처럼 보이는 소나무를 비롯해 무심한 듯 여기저기 배치한 화분들이 눈에 들어온다. 화단 뒤 넓은 공터를 지나 단 하나를 더 오르면 '포도가'라는 이름의 포도 시렁을 볼 수 있다. 한여름 마당을 거닐다 시렁에 매달린 포도 열매를 따 먹는 느긋한 상상을 해본다.

해가 잘 드는 사랑 마당 뒤편, 바위산 아래로 들어가면 어두운 분위기의 별원이 나온다. 옥호동천이라 암각된 바위 아래에는 독특한 형태의 지당이 있다. 거대한 암반에 면해서 만든 지안은 다듬은 돌로 반듯하다. 절반은 자연의 선이고 나머지는 인공적인 직선이 조화를 이루는 모습이 한국 정원답다. 바로 옆의 혜생천이 지당의 수원이다. 혜생천 위의 대나무 홈통은 산속의 물을 폭포로 쏟아지게 했다. 이 모든 것을 감상하는 시원한 초정이 은행나무 아래에 있다. 가을이 되면 초정 뒤편은 단풍나무 군락이 빼곡하게 숲을 이뤄 장관이었을 것이다. 김조순의 호가 단풍나무 언덕이라는 뜻의 풍고楓皐인 것은 이를 두고 지은 것일까? 단풍대 아래로는 기와지붕의 고급스러운 첩운정과 오래된 노송, 그리고 오미자 시렁이 지주대를 받치고 서 있다.

사랑채를 확대한 그림을 보면 매달린 호리병을 볼 수 있다. 은사隱舍라고 적혀 있는 호리병은 신선 세계를 의미한다. 호리병은 우리가 닿을 수 없는 신비한 세계, 상상의 세계를 상징했다. 옥호정은 모든 것을 갖추고 부족함 없이 화려하며 세상과 동떨어져 그 어떤 책무 없이 자유를 누리는 세상을 의미하는 것 같다. 마치 호리병 세상처럼, 옥호정은 더 이상 실존하지 않고 그림에만 남아 있다.

백석동천, 석파정, 성북동 별서와 함께 직접 방문할 수 있는 정원에는 정독도서관 근처 백인제가옥도 있다. 서울시에서 관리하고 있는 백인제가옥은 예약하면 안내와 함께 내부도 관람할 수 있다. 이 밖에 규모는 작아도 성북동의 만해 한용운 심우장, 한국가구박물관 아래의 길상사도 아름답다. 북촌문화센터와 북촌한옥청, 휘겸재와 호경재 등도 있다. 수많은 즐길거리가 있는 서울에서 한 번쯤 한국 정원이 있는 곳들을 찾아 방믄해 보는 건 어떨까?

나만의 정원으로

창덕궁 연경당

창덕궁 후원에 처음 갔을 때가 어렴풋이 기억난다. 후원에 단번에 마음을 빼앗긴 건 단풍나무 터널을 보고서였다. 경사가 평지로 바뀌는 순간 등장하던 단풍나무 터널이 단번에 도심에서 자연으로 빨려 들어가게 했다. 불과 30분 전만 해도 도심에 있었던 사실이 믿기지 않았다.

꼭 방문해야 할 한국 정원에 망설임 없이 창덕궁과 후원이라고 답하면 실망스러운 표정들이다. 한 번도 들어보지 못한 신비로운 정원을 기대했을까. 마치 수능 만점의 비결은 교과서라고 말하는 것처럼 들릴지도 모른다. 다른 정원들은 공부를 충분히 하고 가야지만 느껴지는 매력들을 창덕궁에서는 수월하게 느낄 수 있다. 그것도 도보로 두세 시간 안에 훌륭한 정원들이 옹기종기 모여 있으니 이보다 더 좋은 코스는 없다. 이번에는 단풍나무 터널처럼 기억에 남는 궁에서의 찰나의 순간을 공유해 보려 한다.

햇빛이 유난히 좋은 날 후원에 가게 될 때면 맘속으로 기대하는 장면이 있다. 물의 반사각이 수직으로 올라가 애련정 지붕 단청이 반짝이는 모습이다. 날씨와 때를 잘 맞춰야 경험할 수 있는 장면이라 수없이 후원을 가본 나도 두어 번 봤을 뿐이다. 날씨가 좋은 날뿐 아니라 비가 오는 날도 기대된다. 보통 비를 걱정하지만 폭우가 쏟아지지 않는 이상 비는 감상 분위기를 특별하게 만들어준다. 물이 풍부한 정원에서는 여기저기 콸콸 쏟아지고 흐르는 물줄기가 생동감을 주어 모처럼 매력을 발산할 기회를 얻어 신이 난 정원을 만날 수 있다.

우스갯소리로 들리지만 비 오는 정원의 가장 큰 장점은 아무도 없다는 것이다. 원래 많은 인원을 수용할 것을 예상하고 만든 곳이 아니기 때문에 후원의 길은 좁다. 한꺼번에 들고 나는 많은 인파는 정원을 온전히 감상하는 데 방해가 된다. 그렇다고 100명의 인원보다 더 적은 인원을 수용하면 모두에게 기회가 줄어든다. 그래서 비 오는 후원만이 주는 인적이 드문 느낌은 특별하다. 아무리 이렇게 말해도 깨끗하고 따뜻한 날씨에 오는 것이 가장 좋긴 하다. 사람이 좀 많으면 어떠리, 정원이 예쁜데. 가장 완벽한 상황은 비가 무지하게 내린 바로 다음 날, 깨끗해진 날씨에 방문하는 것이다. 물도 풍부해서 생명력 넘치고, 나무와 풀도 싱그럽고, 정자까지 반짝이는 그런 날은 삼대의 덕이 필요한 것까지는 아니더라도 정말 드물다. 당신의 후원 방문에 행운이 깃들기를.

"나의 평생 소원은 연경당 같은 집을 짓고 그 속에 담겨보는 것"이라는 최순우 선생의 말을 떠올리며 창덕궁 연경당 안채 대청에 앉는다. 그 소원이 너무 멋져 그럴듯한 다른 소원을 떠올려보지만 이런저런 욕심만 생길 뿐이다. 시간마다 인파가 몰려드는 사이 고요한 순간이 찾아온다. 담장 너머 물들어가는 가을 나무와 노을이 지려는 하늘을 본다. 그렇게 한순간만이라도 연경당에 담겨보는 것은 꽤나 큰 위로가 된다. 후원 곳곳에 벤치들이 있어도 연경당 안채 대청만큼 좋은 곳은 없다. 웬만한 정자들은 대부분 들어갈 수도, 앉을 수도 없지만 연경당 안채는 주인이 그랬던 것처럼 편하게 머물 수 있는 몇 안 되는 장소다. 앉은 그대로 뒤를 돌아보고 포즈를 취하면 반대편에서 문틀을 액자 삼아 사진을 찍을 수 있는 훌륭한 장소가 된다. 대부분이 야외인 후원에서 위요감과 안락함을 주는 곳은 연경당 안채가 유일하다. 후원의 다른 건축물에도 잠시 앉아 쉬어볼 수 있다면 또 다른 감흥을 느껴볼 수 있을 텐데, 보는 걸로 만족해야 하니 조금 아쉽다.

'경사스러운 일을 연출한다'는 뜻의 연경당演慶堂은 원래 효명세자의 아버지, 순조를 위한 궁중 행사장이었다. 공연장이었던 연경당이 지금의 민가 형태로 바뀐 것은 고종 때였다. 경복궁 뒤편 깊숙한 곳에 민가 형태의 건청궁을 짓고 지냈던 고종은 창덕궁에도 비슷한 환경이 필요했다. 효명세자의 연경당을 고치면서 존덕지도 함께 파격적으로 바꿨다. 연경당 사랑채 옆 서고

◦ 연경당 안채 대청

인 선향재 뒤로는 화계가 있다. 화계 한쪽 끝 농수정 옆으로 고개를 빼고 보면 문이 있는데, 존덕지의 승재정으로 연결된다. 건청궁 앞 향원지를 즐겼듯 고종은 연경당 뒤 존덕지를 즐겼다. 그의 취향으로 변모한 두 공간이다. 이런저런 장식은 모두 남성의 공간인 사랑채 쪽에 있지만 연경당의 진면모는 안채 대청에서 느껴진다. 손님을 맞이하고 흐트러질 수 없는 사랑채와 달리, 아늑하고 편안하게 머물며 내면을 들여다볼 수 있는 곳이 안채이다. 그런 아늑함을 만들어주는 것은 건축의 훌륭함도 있지만 주변의 울창한 숲이 주는 분위기가 크다. 그래서 후원은 단풍이 제대로 물든 11월이 최고다.

전각 삼십 분, 후원 두 시간, 다시 만났던 장소로 되돌아가는 시간까지 보태면 총 세 시간에 가까운 투어 프로그램이 끝난다. 이만 보 정도 걷는 극기훈련에도 사람들의 발걸음에서 느껴지는 여운, 헤어지는 인사를 주고받는 얼굴에 미소가 가득하다. 정원을 통해 세상과 소통하며 사는 나의 마음도 채워진다.

오전에 투어를 하고 집에 돌아오면 아직 점심시간이 막 지났을 뿐인데 하루를 마친 기분이다. 기진맥진한 몸과 달리 도파민인지 뭔지 모를 호르몬이 쏟아져 나오기 때문에 정신은 흥분 상태다. 어릴 적 꿈이 배우였다는 부끄러운 고백을 주변에 가끔씩 한다. 창덕궁 투어를 할 때면 극을 올리는 기분으로 감정이입을 한다. 이젠 10년이 넘은 베테랑 배우가 돼서 그런지 감정의 과몰입보다 힘을 뺀 연기를 펼치는 편이 되었다.

배우가 꿈이었다는 말은 농담이 아니다. 이루지 못한 가슴 한 켠에 남아 있던 꿈이 한국 정원을 좋아하는 마음과 만나 승화되었다고 생각한다. 강연과 투어를 통해서 한국 정원을 주제로 한 연극의 각본을 직접 쓰고 무대에 올려왔다. 10여 년간 배우 교체 없이 이런저런 무대에 올려지고 있는 것이 성공인지 실패인지는 모르겠지만, 다만 즐겁게 이어가는 중이다. 앞으로 더 많은 무대와 배우들이 생겨나길, 더 많은 관객들이 관심을 가져주길 바라며 오늘도 한국의 정원을 거닐어본다.

참고문헌

단행본

《낙선재 일곽의 조영배경과 건축특성》, 한국학술정보, 노진하, 2014.

《불국사 복원공사보고서》, 문화공보부 문화재관리국, 1976.

《궁궐의 현판과 주련 1》, 수류산방.중심, 문화재청 편집부, 2007.

《고전의 대문 : 사서 편》, 김영사, 박재희, 2016.

《택리지 평설》, 휴머니스트, 안대회, 2020.

《무실과 실심의 유학자 명재 윤증》, 청계, 충남대학교유학연구소, 2001.

《도산서당 선비들의 이상향을 짓다》, 돌베개, 김동욱, 2012.

《산수간에 집을 짓고》, 돌베개, 서유구 지음, 안대회 엮음, 2005.

《원문 역주 후한서10》, 명문당, 진기환, 2019.

《김봉렬의 한국건축 이야기 1,2,3》, 돌베개, 김봉렬, 2006.

《최신 동양조경문화사》, 대가, 한국전통조경학회, 2016.

학위 논문

〈고산 윤선도 원림 권역의 문화경관적 해석과 가치〉, 서울시립대학교 대학원 조경학과 박사학위 논문, 이승희, 2015.

〈칠원 무기연당 연구 : 가문의 역사와 원림 조영〉, 한양대학교 대학원 건축학 석사학위 논문, 임한솔, 2016.

학술지

〈조선조 토지제도와 인식을 통해 본 보길도 윤선도 원림 조영 배경 연구〉,
한국전통조경학회지 37권 2호, 이태겸, 김한배, 2019.

〈불지형체佛之形體에 대한 일고찰 1부〉, 대순회보 144호, 류병무, 2013.

〈창덕궁 후원 존덕정尊德亭의 조영사적 특성〉, 한국전통조경학회지 32권 1호,
송석호, 심우경, 2014.

〈창덕궁 후원 존덕정 일원 지당의 변형과 조영경위에 관한 고찰〉,
한국전통조경학회지 31권 1호, 정우진, 송석호, 심우경, 2013.

〈경복궁 아미산의 조영과 조산설造山說에 관한 고찰〉, 한국전통조경학회지 30권
2호, 정우진, 심우경, 2012.

〈석문石門 정영방鄭榮邦의 원림園林과 문학文學〉, 한국고전연구 36권 1호, 신두환,
2018.

〈창덕궁 태액지의 조영사적 특성〉, 한국전통조경학회지 30권 2호, 정우진, 심우경,
2012.

〈'전라구례오미동가도全羅求禮五美洞家圖'를 통해 본 운조루雲鳥樓의 공간배치계획과
경관 고찰〉, 헤리티지:역사와 과학 46권 4호, 신상섭, 2013.

〈일두고택의 건축 내력과 변천에 관한 연구〉, 한국농촌건축학회논문집 25권 4호,
정인상, 2023.

〈남원 몽심재夢心齋의 정원구성과 조형언어 해석〉, 헤리티지:역사와 과학 47권 1호,
노재현, 최영현, 신상섭, 2014.

당신 곁의 한국 정원

1판 1쇄 인쇄   2025년 9월 23일
1판 1쇄 발행   2025년 10월 1일

지은이   신지선
발행처   (주)수오서재
발행인   황은희 장건태
책임편집   박세연
편집   최민화 마선영
마케팅   황혜란 안혜인
디자인   권미리

제작   제이오
주소   경기도 파주시 돌곶이길 170-2 (10883)
등록   2018년 10월 4일 (제406-2018-000114호)
전화   031 955 9790
팩스   031 946 9796
전자우편   info@suobooks.com
홈페이지   www.suobooks.com
ISBN   979-11-93238-79-0 (03980) 책값은 뒤표지에 있습니다.